Catequesis de Orientación Catecumenal niños

Nivel 4

Los autores

José Antonio Abad

Ha dirigido muchos años el Catecumenado Diocesano de Burgos. Autor de libros de liturgia y de artículos sobre el catecumenado. Director del Diccionario del Agente de Pastoral Litúrgica. Ha sido Profesor de Liturgia y de Eucaristía en la Facultad de Teología del Norte de España (Burgos).

Gloria Galán

Es madre de familia. Graduada en Magisterio. Ha sido profesora de Religión y Directora de un Club juvenil. Lleva dedicada muchos años a la catequesis, actividad que sigue desarrollando con ilusión. Ha participado en la autoría de diversos libros de catequesis.

Pedro de la Herrán

Es doctor en Filosofía y licenciado en Derecho Civil. Fue el iniciador del Departamento de Pedagogía Religiosa de la Facultad de Teología de la Universidad de Navarra. Con este proyecto de catequesis catecumenal supera el centenar de textos publicados para la catequesis y la enseñanza religiosa escolar.

"Hemos redescubierto que en la catequesis tiene un rol fundamental el primer anuncio o «kerygma», que debe ocupar el centro de la actividad evangelizadora".
(Papa Francisco EG n. 164)

"El modelo de toda la iniciación cristiana es el catecumenado de adultos. Por tanto, la iniciación cristiana de los niños ha de hacerse según este esquema de ideas y modelos: etapas, ritos, procesos".
(Mons. José Rico Pavés. Obispo de Jerez de la Frontera)

"El catecumenado también puede inspirar la catequesis de aquellos que, a pesar de haber ya recibido el don de la gracia bautismal, no disfrutan efectivamente de su riqueza. Estas personas pueden ser llamadas cuasi catecúmenos: cf. CT 44".
(Nuevo Directorio para la Catequesis, n. 61. III-2020)

"La catequesis familiar debe preceder, acompañar y enriquecer cualquier otra forma de catequesis"
(Juan Pablo II, CT, 68)

Nihil obstat
Arzobispado de Burgos · 25 de marzo de 2021 · Ildefonso Asenjo Quintana

Catequesis de Orientación Catecumenal de Niños · Nivel 4
© José Antonio Abad, Pedro de la Herrán, Gloria Galán 2021
© Ediciones Palabra, S.A., 2025
Ronda del Caballero de la Mancha, 59 – 28034 Madrid
Telf.: (34) 91 350 77 20 – (34) 91 350 77 39
www.palabra.es
palabra@palabra.es
ISBN: 978-84-1368-489-5
DEPÓSITO LEGAL: M-19.276-2025
Diseño y maquetación: Pablo Larrocha // *Fotografías y recursos:* Shutterstock.es · Freepik.com
Impreso en España-Printed in Spain
www.edicionesdya.com

En las últimas décadas, tras el Concilio Vaticano II, han proliferado los instrumentos al servicio de la catequesis. Junto a los catecismos han aparecido guías, materiales complementarios, recursos catequéticos, etc., orientados cada vez con más precisión al desarrollo de la acción catequética. Bien sabemos que los libros solos "no hacen la catequesis", pero pueden ser una gran ayuda. La obra que aquí se presenta, con el título "Catequesis de orientación catecumenal", responde muy bien a las exigencias del momento presente en la transmisión de la fe: puede ser utilizada en el ámbito de la familia, de la parroquia, de la escuela o de los movimientos eclesiales; tiene en cuenta la actual situación de secularización y da prioridad al testimonio evangelizador; ofrece un planteamiento catecumenal de la iniciación cristiana con un programa que mira al itinerario completo para llegar a ser cristianos y no a la sola recepción de un sacramento; y, algo muy importante, no suplanta el catecismo oficial de la Conferencia Episcopal Española "Jesús es el Señor", sino que remite a su enseñanza ayudando a poner en ejercicio las cuatro dimensiones que deben estar siempre presentes en la catequesis (confesión de la fe, celebración, compromiso y oración).

Por todo ello, felicito de corazón a los autores don Pedro de la Herrán y don José Antonio Abad, veteranos expertos en las tareas catequéticas, y a los demás miembros del equipo de redacción.

+ José Rico Pavés
Obispo de Jerez de la Frontera.
Presidente de la Comisión Episcopal para la Evangelización,
la Catequesis y el Catecumenado de la CEE.

Índice

Índice de los cuatro niveles "Catequesis de Orientación Catecumenal" Niños — 4

Proyecto "Catequesis de Orientación Catecumenal" — 6

Encuentro 1 **María Magdalena.** *Una mujer que resulta ser la primera apóstola de la Resurrección* — 10

Encuentro 2 **Cleofás, el de Emaús.** *Un discípulo que huía recuperado por la Palabra y la Eucaristía* — 16

Encuentro 3 **Tomás, el incrédulo.** *La resurrección, hecho histórico que se acepta por la fe* — 22

Encuentro 4 **Andrés.** *Testigo de la última aparición de Jesús en Galilea. Entrega del Primado a Pedro* — 28

Encuentro 5 **Bartolomé.** *Uno de los testigos de la Ascensión y de Pentecostés* — 34

Encuentro 6 **Santiago.** *La vida de los primeros cristianos: "eran un solo corazón y una sola alma"* — 40

Encuentro 7 **Nicodemo.** *Jesús le había revelado la fuerza transformadora del Bautismo* — 46

Encuentro 8 **Felipe en Samaría.** *Bautismo del etíope. La Confirmación* — 52

Encuentro 9 **Pablo.** *Converso y apóstol de los gentiles* — 58

Encuentro 10 **La Iglesia.** *Cuerpo y esposa de Cristo. ("Creo en la Iglesia")* — 64

Encuentro 11 **Timoteo.** *El Orden sacerdotal* — 70

Encuentro 12 **Un bautizado perdonado.** *Vida cristiana y Penitencia ("Creo… en el perdón de los pecados")* — 76

Encuentro 13 **Estéfanas, discípulo de Pablo.** *"Creo… en la resurrección de la carne"* — 82

Encuentro 14 **Cristo, Alfa y Omega.** *"Creo… en la vida eterna" (Juicio final y retribución: cielo e infierno)* — 88

El proyecto "Catequesis de Orientación Catecumenal": orientaciones para los catequistas — 94

Oraciones — 101

Misal — 104

Cómo hacer una buena confesión — 110

NIVEL 1

Este nivel es una síntesis muy elemental del Símbolo de la Fe o Credo.

1	El mundo que ha hecho Dios (por Amor)	Compendio del CEE nn. 51-59
2	Dios me ha regalado la vida (por Amor)	Compendio del CEE nn. 66-72
3	Los hombres se alejaron de Dios (el pecado original)	Compendio del CEE nn. 73-78
4	Y María dijo "sí" a Dios (el Avemaría)	Compendio del CEE nn. 85-100
5	Jesús nace en Belén (la Navidad)	Compendio del CEE nn. 81-87
6	Jesús Niño en Nazaret (la Sagrada Familia)	Compendio del CEE nn. 103-104
7	El Bautismo de Jesús (la Buena Noticia)	Compendio del CEE nn. 105-108
8	Jesús nos enseña a rezar (el Padrenuestro)	Compendio del CEE nn. 578-586
9	Jesús nos enseña a amar (y a compartir)	Compendio del CEE nn. 386-388
10	Jesús se queda con nosotros (presencia real)	Compendio del CEE nn. 120
11	Muerte y Resurrección de Jesús (el Día del Señor)	Compendio del CEE nn. 118-131
12	La Ascensión y el Espíritu Santo (y venida del Espíritu Santo)	Compendio del CEE nn. 132 Y 136

NIVEL 2

PRIMERA PARTE DEL CREDO APOSTÓLICO: *"Creo en Dios, Padre todopoderoso... Creo en Jesucristo, su único Hijo...; nació de Santa María Virgen"*, con algunos complementos.

1	**Dios, creador del mundo y del hombre**	Compendio del CEE, nn. 50-59
2	**Adán y Eva.** *Tentación, pecado y promesa de un Salvador*	Compendio nn. 66, 67, 70-78
3	**El arcángel Gabriel.** *Anuncia a María la venida del Salvador*	Compendio nn. 81, 85, 86
4	**La Virgen María.** *La mujer que Dios hizo Madre suya*	Compendio nn. 94-100
5	**José, de la casa de David.** *El elegido por Dios para cuidar de su Hijo y de su madre*	Compendio nn. 98, 104
6	**Jesús, el Salvador.** *Nacido en Belén de Judá*	Compendio nn. 82, 83, 85
7	**Herodes.** *El perseguidor del Rey de Israel, que hizo de Jesús el primer emigrante cristiano*	Compendio nn. 103
8	**El amigo de infancia de Jesús.** *Y que narra su vida oculta*	Compendio nn. 104
9	**Juan Bautista.** *Bautizó a Jesús, escucha la voz del Padre y ve descender sobre Él al Espíritu Santo*	Compendio nn. 105
10	**Los novios de Caná.** *Testigos del milagro por la intercesión de María*	Compendio nn. 337, 338
11	**Llevan un paralítico a Jesús.** *Y Él perdonó sus pecados y le curó*	Compendio nn. 297, 298, 303-306
12	**El vecino de Betsaida.** *Escuchó a Jesús el Sermón de la montaña*	Compendio nn. 358-362, 428, 578. 579

NIVEL 3

SEGUNDA PARTE DEL CREDO APOSTÓLICO: *"Padeció bajo el poder de Poncio Pilato, fue crucificado, muerto y sepultado"*, con algunos complementos.

1. **Marcos, el evangelista.** *Introducción a los cuatro evangelios* — *Compendio nn. 18, 22*
2. **Judá, el escriba.** *Quién es mi prójimo (parábola del Buen Samaritano)* — *Compendio nn. 414, 434, 436*
3. **El borrico de Jesús.** *Entrada de Jesús en Jerusalén aclamado como Mesías* — *Compendio nn. 82, 108, 111*
4. **Mateo, el apóstol.** *Última Cena e institución de la Eucaristía* — *Compendio nn. 271 Y SS.*
5. **Judas, el traidor.** *El peligro de la codicia y de las infidelidades* — *Compendio nn. 391 Y SS.*
6. **Simón Pedro.** *Un largo y sinuoso itinerario hacia la fe y al primado de la Iglesia* — *Compendio nn. 179-185*
7. **Poncio Pilato.** *Traiciona la Verdad por miedo a complicarse la vida* — *Compendio nn. 521 Y SS.*
8. **Simón Cireneo.** *Llevar por amor la cruz de Jesús tiene siempre buenas consecuencias* — *Compendio nn. 122, 123*
9. **Dimas, el buen Ladrón.** *"Fue crucificado". Siempre es tiempo de misericordia y de conversión* — *Compendio nn. 119*
10. **San Juan Apóstol.** *Jesús le entrega a María como su Madre y de todos los discípulos* — *Compendio nn. 196 Y SS.*
11. **Centurión Romano.** *Asiste a la crucifixión y certifica oficialmente la muerte de Jesús* — *Compendio nn. 122*
12. **José de Arimatea.** *Pidió a Pilato el cuerpo de Jesús para darle santa sepultura* — *Compendio nn. 124*

NIVEL 4

ÚLTIMA PARTE DEL CREDO APOSTÓLICO: Desde *"al tercer día resucitó de entre los muertos"* hasta *"y en la vida eterna"*. Sacramentos y moral cristiana.

1. **María Magdalena.** *Una mujer que resulta ser la primera apóstola de la Resurrección* — *Compendio nn. 127-131*
2. **Cleofás.** *Un discípulo que huía recuperado por la Palabra y la Eucaristía* — *Compendio nn. 271-294*
3. **Tomás, el incrédulo creyente.** *La resurrección, hecho histórico que se acepta por la fe* — *Compendio nn. 126-131*
4. **Andrés.** *Testigo de la última aparición de Jesús en Galilea. Entrega del Primado a Pedro* — *Compendio nn. 153, 175, 182*
5. **Bartolomé.** *Uno de los testigos de la Ascensión y de Pentecostés* — *Compendio nn. 132, 144, 145, 1466*
6. **Santiago.** *La vida de los primeros cristianos: "eran un solo corazón y una sola alma"* — *Compendio nn. 188-191*
7. **Nicodemo.** *Jesús le había revelado la fuerza transformadora del Bautismo* — *Compendio nn. 252-264*
8. **Felipe en Samaría.** *Bautismo del etíope. La Confirmación* — *Compendio nn. 265-270*
9. **Pablo.** *Converso y apóstol de los gentiles* — *Compendio nn. 150, 172-174*
10. **La Iglesia.** *Cuerpo y esposa de Cristo. ("Creo en la Iglesia")* — *Compendio nn. 147-168*
11. **Timoteo.** *El Orden sacerdotal* — *Compendio nn. 322-336*
12. **Un bautizado perdonado.** *Vida cristiana y Penitencia ("Creo… en el perdón de los pecados")* — *Compendio nn. 200-201, 295-312*
13. **Estéfanas, discípulo de Pablo.** *"Creo… en la resurrección de la carne"* — *Compendio nn. 202-206*
14. **Cristo, Alfa y Omega.** *"Creo… en la vida eterna" (Juicio final y retribución: cielo e infierno)* — *Compendio nn. 112, 207-216*

PROYECTO "CATEQUESIS DE ORIENTACIÓN CATECUMENAL" NIÑOS

Justificación del proyecto

El presente subsidio parte de un dato de experiencia. Muchos niños de 6-14 años no han recibido el Bautismo y no tienen la fe teologal; otros muchos, que sí están bautizados, cuando piden completar su iniciación cristiana con la Confirmación y primera Eucaristía, presentan un estado de cosas muy similar a los no bautizados en cuanto a la vivencia de la fe.

Dada la secularización creciente del medio ambiente y otras circunstancias, sobre todo de tipo familiar, parece que este estado de cosas se afianzará en los próximos años. Por esto es importante dar paso a procesos catequético-pastorales que sean respuesta a esta situación y preparar materiales de *tipo catecumenal* para los que piden el bautismo en esa edad de 6-14 años y de *orientación catecumenal* para los que los que, a esa misma edad, completan su iniciación con una vivencia muy baja de la fe.

El presente subsidio trata de ser una modesta contribución a esta nueva realidad.

A quiénes va destinado

Esto explica que sus destinatarios sean los *niños no bautizados* en su infancia que piden el bautismo durante el período escolar: de 6-14 años, y los que, *bautizados al poco de nacer y piden la Primera Eucaristía y Confirmación hacia los 6-10*, presentan un nivel muy bajo en la vivencia de la fe. Es decir, los catecúmenos en sentido estricto y los que se pueden considerar *cuasicatecúmenos*, como les califica el nuevo Directorio para la Catequesis (Cf. n° 61).

> «El catecumenado también puede inspirar la catequesis de aquellos que, a pesar de haber ya recibido el don de la gracia bautismal, no disfrutan efectivamente de su riqueza. Estas personas pueden ser llamadas cuasi catecúmenos: cf. CT 44»

Nuevo Directorio para la Catequesis, n. 61.
23 de marzo de 2020

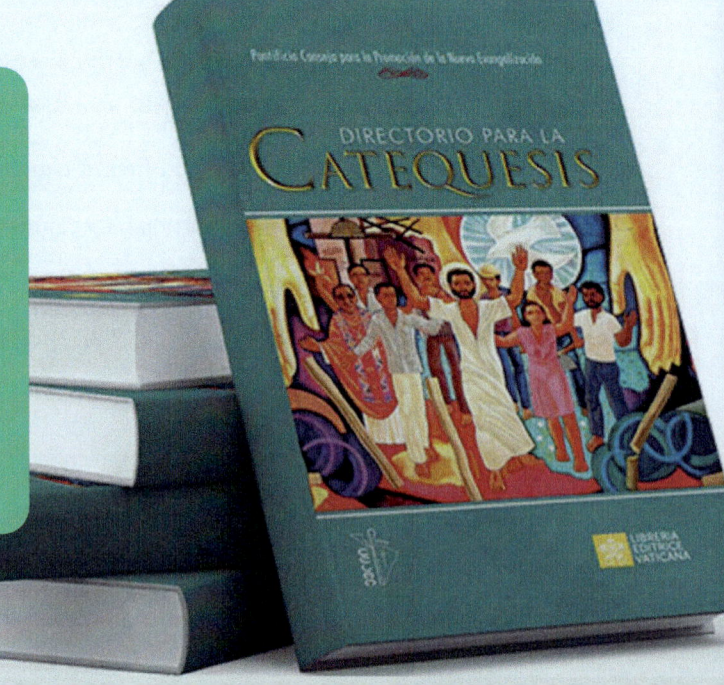

Aunque en las diócesis van surgiendo pequeños grupos de niños catecúmenos, todavía el número que los integra es pequeño. En cambio, aún es numeroso el de los *cuasicatecúmenos*. Por ello, será muy frecuente que los *catecúmenos* se integren en un grupo de *cuasicatecúmenos* de su misma edad y formen un grupo mixto. Por ello, los destinatarios del presente subsidio son estos *tres grupos*:

1° **Niños en edad escolar que son propiamente catecúmenos** que realizan su proceso en un grupo homogéneo o mixto;

2° **niños de edad escolar** que piden completar su iniciación cristiana entre 7/8-10 años y tienen un **nivel de fe práctica muy pequeño o nulo**; y

3° También pueden ser útiles estos subsidios a **padres de familia** que deciden usar "de modo autónomo" estos libros en su hogar para hacer **Catequesis Familiar** y así transmitir la fe a sus hijos de estas edades (7 a 10 años). En estos casos convendrá que esos padres de familia actúen de acuerdo con la parroquia, el colegio o el movimiento.

Objetivo fundamental

Según esto, el objetivo básico y fundamental que se pretende no puede ser otro que el de suscitar o potenciar la fe. Eso explica que la *Palabra de Dios* sea el elemento que condiciona, aglutina y estructura todos los contenidos. Porque la fe llega por el anuncio de esa Palabra.

En consecuencia, no está pautado para trasmitir saberes y conocimientos sino para provocar o potenciar la fe. Como es lógico, no se obvian los saberes, porque una fe sin contenidos sería pura ficción. Sólo se quiere decir que la Palabra de Dios ocupa el puesto central y es el manantial del que fluye todo lo demás.

Cuáles son sus contenidos

El presente subsidio está estructurado según el *Credo Apostólico*. Por eso, parte de Dios Creador y de la promesa del Redentor, pasa luego a Jesucristo y concluye con la

Iglesia y la vuelta definitiva del Señor. Sin embargo, no es una explicación escolar de cada uno de los artículos del Credo. Al contrario, dichos artículos van apareciendo al hilo de la historia de la salvación, tal como la presenta la Sagrada Escritura.

Por eso, todo él gira en torno a **Jesucristo**. Porque a él se refiere todo el Antiguo Testamento, de él habla el Nuevo y a él anuncia la Iglesia, cuyo camino se sitúa entre Pentecostés y la venida definitiva del Señor.

Ahora bien, como se trata de un subsidio de orientación catecumenal, la fe es presentada en su globalidad. Es decir, como realidad *profesada, celebrada, practicada y rezada*. De ahí que contenga muchas referencias a la liturgia, a la vivencia y a la oración. Sin olvidar algunos **signos** fundamentales del cristiano, como la señal de la cruz y otros.

Todo este bagaje aparece a lo largo de cuatro años, a los que corresponden lo que hemos catalogado como nivel 1, nivel 2, nivel 3 y nivel 4.

El Nivel 1 tiene un carácter inicial y ofrece a los niños de unos 7 años una síntesis muy elemental, pero necesaria, de la Historia de la Salvación.

El *nivel* 2 se extiende desde "Creo en Dios, Padre todopoderoso, Creador del cielo y de la tierra" hasta "Creo en Jesucristo… que nació de Santa María Virgen", a lo cual se añade la vida oculta de Jesús y el comienzo de su ministerio público.

El *nivel* 3 comprende fundamentalmente desde "padeció bajo el poder de Poncio Pilato" hasta "muerto y sepultado", ampliado con la entrada de Jesús en Jerusalén y la institución de la Eucaristía en la última Cena, con el fin de crear el marco de la pasión-muerte-sepultura del Señor.

El *nivel* 4 comprende desde "al tercer día resucitó entre los muertos", pasando por las apariciones del Señor resucitado, su Ascensión, Pentecostés y los comienzos de la Iglesia, hasta la "resurrección de la carne y la vida eterna".

En estas catequesis no se suplanta al catecismo oficial de la Conferencia Episcopal Española "Jesús es el Señor", sino que se remite con frecuencia a su enseñanza ayudando a poner en ejercicio las cuatro dimensiones de la catequesis: confesión de la fe, celebración, compromiso y oración.

¿Sirven estas catequesis para preparar la Primera Confesión y la Primera Comunión? Por supuesto. Los cuatro libros de la serie "Niños" ofrecen un programa que mira al itinerario completo para llegar a ser cristiano y remiten a las enseñanzas del Catecismo oficial "Jesús es el Señor".

Además, para facilitar la preparación próxima a los Sacramentos de la Penitencia y de la Eucaristía, **en la web www.edicionesdya.com habrá un apartado dedicado a la preparación próxima de esos Sacramentos.**

La pedagogía

Los cuatro niveles siguen la misma metodología. Ésta se articula en torno a *cuatro puntos: la narración de historias, la pedagogía activa, los medios audiovisuales y la participación de los padres.*

La niñez se adapta mejor a la *narración de historias* que al discurso. Por este motivo, la doctrina se ha encarnado en *personajes*, los cuales van narrando en primera persona los contenidos. Por ejemplo, el burrito de Betfagé va contando al niño la entrada de Jesús en Jerusalén y el Centurión romano el camino de Jesús a la cruz, su crucifixión y su muerte.

La pedagogía *activa* es exigida por el dinamismo propio de la niñez. Un niño tiene que sentirse parte de lo que se le va diciendo, con preguntas, respuestas, intervenciones de diverso tipo. Por eso, todos los temas conceden un lugar importante a la actuación del niño.

El uso de *medios audiovisuales* es hoy imprescindible y facilita, si se usa con una justa medida, el interés, la atención y la comprensión. Todos los temas conceden un espacio a estos medios.

Finalmente, el niño forma parte de un *entorno familiar* del cual no se le puede ni se le debe aislar. Ciertamente la familia se encuentra hoy, con mucha frecuencia, en situaciones conflictivas, debido a múltiples factores. A pesar de todo, el niño sigue conectado existencialmente con su familia. Por ello, el presente subsidio ofrece un apartado familiar específico que él y sus padres –o uno de ellos–, deberían realizar conjuntamente.

MARÍA Magdalena

link*

"Jesús Resucita"

OBJETIVO: Descubrir que Jesús tiene una estima muy grande de la mujer. La Magdalena fue la primera "apóstola".

CATECISMO "Jesus es el Señor", tema 21.

Soy María Magdalena, una mujer que fue muy **pecadora**. Muchos me despreciaban, pero Jesús perdonó mis pecados y me hizo **discípula** suya. Os contaré cómo fue mi **conversión**. Cierto día en que Jesús comía en casa de un fariseo, me acerqué a sus pies y los ungí con un **perfume** de gran valor. Recuerdo que le sentó muy mal a Judas que protestó diciendo: *"Hubiera sido mejor venderlo y dar el dinero a los pobres".* Jesús salió en mi defensa y le respondió: *"Esta mujer ha hecho una **obra buena** conmigo; ha ungido mis pies para mi sepultura"* (Cf. Juan 12,1-8).

Desde ese día me uní a las **santas mujeres** que asistían a Jesús y a sus apóstoles. Entre ellas estaba María, la madre de Jesús, y nos hicimos muy **amigas**.

Cuando crucificaron a Jesús estuve junto a ella y también cuando, después de morir, le bajamos de la Cruz para llevarle al **sepulcro**. Como se hizo de noche y no pudimos embalsamar su cuerpo, cuando amanecía, fui camino del sepulcro con otras mujeres para hacerlo. Y por el camino nos preguntábamos: *"¿Quién nos apartará la **piedra** del sepulcro?"*

Cuando llegamos vimos que la piedra estaba quitada y el sepulcro **vacío**. Yo pensé que habían robado el cuerpo de Jesús y comencé a **llorar**. Corriendo fui a decírselo a los apóstoles y Pedro y Juan fueron para a comprobarlo. (*Juan* 20, 1-10).

el personaje

¿Quién era María Magdalena y cómo se comportó con Jesús en casa del fariseo?

¿Por qué crees que se quedó llorando ante el sepulcro?

*Para abrir el enlace, activa la cámara de tu móvil y apunta hacia el código QR.
Dependiendo del móvil, puede que sea necesario descargar una App para leer códigos QR.

"MUJER, ¿A QUIÉN BUSCAS?"

Ellos se marcharon y yo me quedé allí sola, **llorando** junto al sepulcro. De pronto se acercó a mí un **hombre**, que me preguntó: *"Mujer, ¿Por qué lloras? ¿A quién buscas?"*

Creí que era el **hortelano**, y le dije que si se lo había llevado él, que me lo devolviera, pero pronunció mi nombre y entonces reconocí su voz. Me abalancé a sus pies y se los **besé**, llorando de alegría al ver vivo a **Jesús**. Él me dijo: *"Suéltame, que todavía no he subido a mi Padre"*.

Luego me dio un encargo que todavía ahora me parece **increíble**: *"Vete a mis hermanos y diles que he resucitado"*. Fíjate que no sólo fui la primera persona que le vio **resucitado** -después de su Madre, lógicamente- sino que me hizo **mensajera** ante los apóstoles de la verdad que sostiene toda la fe de los cristianos: la **Resurrección** de Jesús. Si Jesús no hubiera resucitado (después de haberlo anunciado), ¿quién le iba a seguir? Por eso, me faltó tiempo para ir a comunicárselo a Pedro y los demás apóstoles y les grité: *"¡He visto al Señor!, y me ha dicho estas cosas"*, pero…. ¡no me creyeron! (*Juan* 20, 11-18).

Palabra -de- Dios

ACTIVIDADES

 Reflexionamos y dialogamos:

¿Por qué decimos que la Magdalena vio a Jesús resucitado, después de su madre?

¿Cuándo se dio cuenta María de que Jesús había resucitado?

¿Cuál fue la reacción de María Magdalena al reconocer a Jesús?

MARÍA MAGDALENA, LA PRIMERA "APÓSTOLA"

¡Qué cosas hacía Jesús! Ya sabéis que entonces a las mujeres no se nos tenía en cuenta. Por ejemplo, no podíamos ser testigos en los juicios, pues nuestro testimonio no tenía ningún valor. Y resulta que Jesús no sólo se me apareció antes que a ningún hombre, sino que **me hizo testigo** ante los apóstoles del hecho más grande de su vida y que avala toda su doctrina y su obra de salvación.

Por ello, he recibido el título de "apóstola". Jesús quiso honrarme ante los apóstoles con el oficio del apostolado para que la noticia de la vida nueva de su **Evangelio** llegase hasta los confines del mundo.

Se ve que quería devolvernos el cariño que las **mujeres** le teníamos. Si lees el evangelio completo, verás que no hay ninguna mujer que trate mal a Jesús ni que fuera enemiga suya. También algunas mujeres, junto a su **Madre**, le acompañamos en su muerte en la Cruz, cuando todos los apóstoles, excepto Juan, habían huido de su lado.

Palabra -de- Dios

¡HE VISTO A JESÚS!
¡HA RESUCITADO!

ACTIVIDADES

Investiga:

BUSCA en los evangelios y anota qué discípulos de Jesús estuvieron en el monte Calvario cerca de Él. Anota sus nombres y lo comentamos.

SEÑALA las tres o cuatro personas que estaban más cerca de Jesús cuando murió en la Cruz.

¡LA ENAMORADA DE JESÚS!

El evangelio de Juan cuenta con detalle cómo María Magdalena después de ver el sepulcro vacío, se quedó **sola llorando** en el cercano **huerto**. Allí tuvo lugar su encuentro con **Jesús Resucitado** y este le envió –como ya hemos visto– a anunciar a los demás discípulos su **Resurrección**.

San Gregorio Magno, que fue Papa entre los años 590 a 604, destaca en sus homilías *la fuerza del amor de María Magdalena* que, a diferencia de los discípulos **no se alejó** del sepulcro de Jesús, y **siguió buscándolo**, ella que había amado mucho (*Lucas* 7,47) y a la que se le habían perdonado muchos pecados.

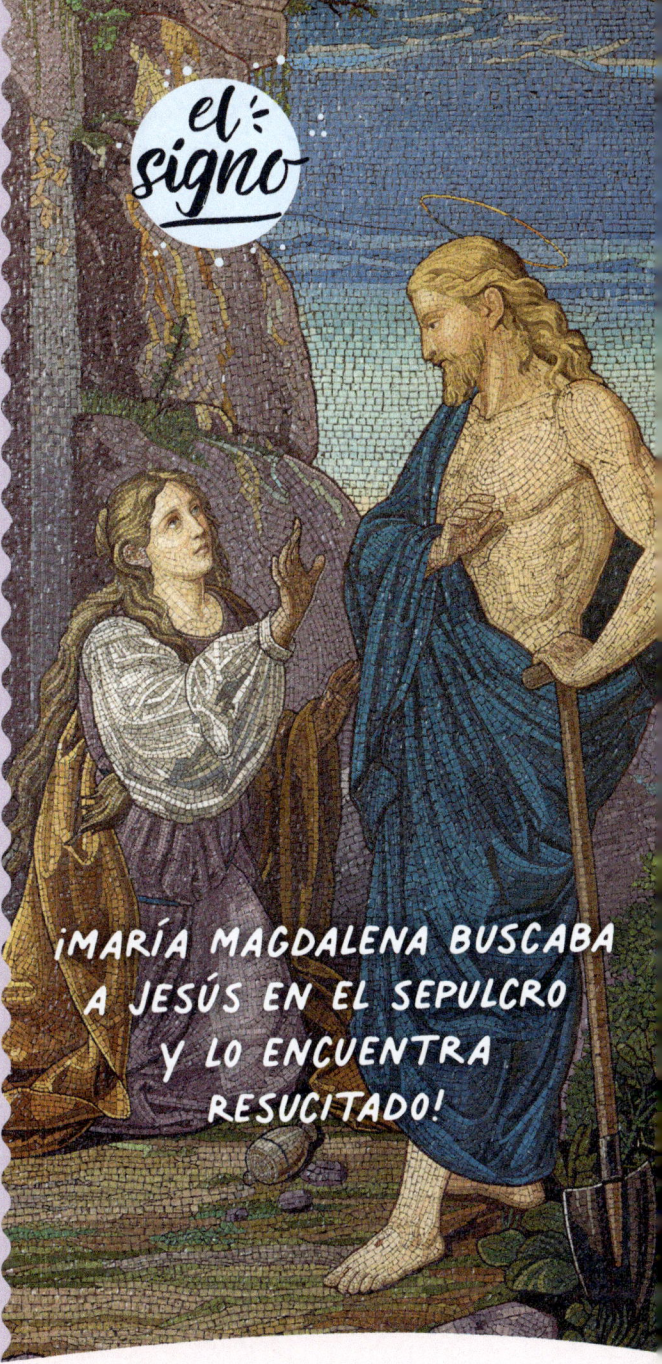

el signo

¡MARÍA MAGDALENA BUSCABA A JESÚS EN EL SEPULCRO Y LO ENCUENTRA RESUCITADO!

TODOS LOS BAUTIZADOS DEBEMOS SER TESTIGOS DE LA RESURRECCIÓN DE JESÚS

- En la Iglesia de Cristo todos estamos llamados a anunciar su Resurrección.
- Jesús eligió a una mujer para ser la primera en dar al mundo esta noticia.
- En la iglesia, los hombres y las mujeres debemos anunciar a Jesús Resucitado de distintos modos, todos queridos por Dios.

APRENDEMOS

La Resurrección de Jesucristo sostiene todo el edificio cristiano. Sin ella, todo se viene abajo (1 *Cor* 15, 1ss).

APRENDEMOS LOS NÚMEROS 35 AL 38 DEL CATECISMO "JESÚS ES EL SEÑOR" Y REPASAMOS LOS 10 MANDAMIENTOS DE LA LEY DE DIOS (PÁG. 102).

LA FIESTA DE SANTA MARÍA MAGDALENA

Encendemos una vela como símbolo de la resurrección y nos ponemos de pie en torno a ella. El catequista lee despacio el evangelio de Juan 20,11-18:

- Los niños comentan lo que más le ha llamado la atención de este texto y se les invita a que hagan una pequeña reflexión.

- Luego, para honrar a Santa María Magdalena, rezamos la oración de la Misa del día de su fiesta:

ORACIÓN DE LA MISA DE SANTA MARÍA MAGDALENA

Señor, Dios nuestro,
Cristo, tu Unigénito, confió,
antes que a nadie,
a María Magdalena
la misión de anunciar a los suyos
la alegría pascual;
concédenos a nosotros,
por intercesión y el ejemplo
de aquella cuya fiesta celebramos,
anunciar siempre a Cristo resucitado
y verle un día glorioso
en el Reino de los cielos.
Por Jesucristo nuestro Señor. Amén.

Estas actividades son para hacer conjuntamente los padres
(o uno de ellos) con el hijo o la hija. No es difícil encontrar
unos minutos para ayudarles en su formación cristiana.

Catequesis familiar

link

▶ "Jesús Resucita"

Ved en familia este vídeo
y luego comentáis:
¿Qué nos ha gustado más?
¿Cuál es su principal mensaje?

¿Conoces bien los evangelios?

Señala las personas que estaban
cerca de Jesús durante su crucifixión:

- Herodes
- San Pedro
- La Virgen María
- Los solados romanos
- San Juan
- Judas Iscariote
- Poncio Pilato
- María Magdalena

Sopa de letras

Resuélvelo con tus padres.

El Personaje de este encuentro.
Anteriormente tuvo fama de...
Pero se arrepintió de todos sus...
En la crucifixión estuvo cerca de...
Fue al sepulcro y lo encontró...
Fue la primera...

```
M A R I A U L
A V O H R E X
G A P O O B A
D B P R D U P
A L E T A V O
L O C E C I S
E I A L E N T
N C D A P M O
A A O N E K L
X V S O U L A
K C M N H F H
```

link

"El Camino de Emaús"

CLEOFÁS, el de Emaús

OBJETIVO: Descubrir que en la celebración de la Eucaristía Jesús repite lo que hizo con los discípulos de Emaús.

CATECISMO "Jesus es el Señor", tema 21.

Yo soy Cleofás. La tarde del primer domingo después de la muerte de Jesús, salí de Jerusalén con otro compañero hacia **Emaús**, que era mi pueblo. Los dos, que habíamos sido discípulos de Jesús, estábamos **temerosos**, con la moral por los suelos y completamente **decepcionados**.

Creíamos, como muchos otros discípulos, que él sería quien salvaría a Israel, pues había hecho muchos milagros y había dicho que era Hijo de Dios. Cuando le clavaron en la cruz y le mataron sin que él hiciese nada, **perdimos toda esperanza**. Todo esto lo íbamos comentando entre nosotros mientras hacíamos el camino a Emaús.

También comentábamos lo que los apóstoles nos habían dicho: que unas mujeres habían venido a decirles que Jesús había vuelto a la vida y que una de ellas le había visto. Pero nos parecía lo mismo que a ellos: ¡cosas de mujeres!

En un determinado momento, **se nos acercó** un caminante y nos pidió permiso para ir con nosotros. (Cf. *Lucas* 24, 13-14)

el personaje

Estos dos discípulos, ¿habían creído verdaderamente en Jesús y en su anuncio de que resucitaría al tercer día?

¿Cómo habían tomado lo que habían dicho esas mujeres? ¿Y cómo lo habrías tomado tú?

LO RECONOCIERON AL PARTIR EL PAN

Aquel caminante, al vernos muy tristes, **nos preguntó qué nos pasaba** y de qué hablábamos. Nosotros le dijimos que veníamos hablando de lo sucedido estos días en Jerusalén. Entonces él nos preguntó qué es lo que había pasado. **Le contamos la muerte de Jesús** hacía tres días.

Después de escucharnos con mucha atención, comenzó a explicarnos lo que habían dicho los profetas en las Escrituras sobre el Mesías. En concreto, que tendría que sufrir mucho, que le matarían pero que volvería a la vida. Hablaba de tal manera que **nuestro corazón se iba caldeando** ante la explicación que nos daba de las profecías sobre el Mesías y comenzamos a sentir que nos volvía una cierta esperanza.

Al cabo de unas dos horas llegamos a Emaús. Él se despidió y nos dijo que continuaba el camino. Como ya se estaba poniendo el sol, **le invitamos a quedarse** con nosotros y a continuar el viaje a la mañana siguiente. Él aceptó de buena gana. Preparamos un poco de cena y le invitamos a que bendijera la mesa. Cuando tomó el **pan en sus manos** e hizo la bendición, nos dimos cuenta de que era **Jesús**. Nos repartió el pan, pero inmediatamente desapareció (*Lucas 24, 15-29*).

Palabra de Dios

¿TE RECUERDA ESTA ESCENA LO QUE HIZO JESÚS DURANTE LA ÚLTIMA CENA?:
TOMANDO EL PAN, DIO GRACIAS, LO PARTIÓ Y SE LO DIO DICIENDO: "ESTO ES MI CUERPO, QUE ES ENTREGADO POR VOSOTROS. HACED ESTO EN MEMORIA MÍA" (LUCAS, 22, 19)

ACTIVIDADES

💬 ¿Recuerdas lo que has leído?

¿Qué les dijo el caminante sobre los profetas?
Mientras Jesús les hablaba, ¿qué sentían en su corazón?
¿Qué sucedió durante la cena?

¡HA RESUCITADO!

Entonces nos dimos cuenta de que habíamos sido unos **desconfiados** y malos discípulos, porque él nos había dicho varias veces que le matarían pero que **resucitaría** al tercer día. Efectivamente, hoy era el tercer día desde su muerte.

Nos pusimos **locos de contentos**. Tanto, que **volvimos** inmediatamente a Jerusalén, a pesar de estar muy cansados y ser ya de noche. Teníamos que ir a **comunicárselo** a los apóstoles, que estarían tan tristes y desesperanzados como nosotros. Cuando entramos donde estaban reunidos, corrieron a decirnos llenos de alegría: *¡Hemos visto al Señor, está vivo, ha resucitado!* Y **todos nos abrazamos** diciendo a grandes voces: *¡Era verdad, el Señor ha resucitado y vive para siempre!*

Cuando pasó un cierto tiempo, mi compañero y yo caímos en la cuenta de que algo muy parecido a lo que sucedió en Emaús pasa cuando celebramos la **Eucaristía**: Jesús se hace presente, nos habla y nos reparte el Pan, que ya no es pan sino Él mismo. *(Lucas 24, 29-35)*

COMULGAR ES RECIBIR A JESÚS REALMENTE PRESENTE EN LA EUCARISTÍA CON SU CUERPO, SANGRE, ALMA Y DIVINIDAD.

LA COMUNIÓN ESPIRITUAL ES "UN ACTO DE DESEO" QUE CONSISTE EN "EXPRESARLE A JESUCRISTO QUE DESEAMOS RECIBIRLO EN EL CORAZÓN".

ACTIVIDADES

Podemos aprender, por ejemplo, esta comunión espiritual:

"Yo quisiera, Señor, recibiros con aquella pureza, humildad y devoción con que os recibió vuestra Santísima Madre, con el espíritu y fervor de los santos"

EL SIGNO DE LA EUCARISTÍA

El pan y el vino y las palabras que pronunció Jesús en la Última Cena son los Signos de la Eucaristía. Cuando el sacerdote en la Santa Misa pronuncia las palabras de la Consagración, **el pan se convierte en el Cuerpo de Cristo y el vino en su Sangre.**

Recuerda:

De este modo los **Apóstoles** comenzaron a celebrar la Eucaristía **en nombre de Jesucristo** haciendo los mismos **gestos** y pronunciando las mismas **palabras** que Jesús hizo y dijo en la Última Cena.

Cada sacerdote, al celebrar cada día la Santa Misa, renueva (personificando a Jesucristo) el mismo Sacrificio que ofreció Jesús en la Cruz por los pecados del mundo.

APRENDEMOS

Por eso, me gustaría que aprendieras bien tres cosas:

1 Cada domingo Jesús Resucitado se hace presente ante nosotros en la celebración de la Eucaristía.

2 Cuando vayas a Misa el domingo y escuches el Evangelio, piensa que Jesús te está hablando a ti personalmente.

3 Y, si recibes la Comunión, piensa que Jesús te da su Cuerpo y su Sangre. Con la Palabra y el Cuerpo de Cristo saldrás contento y dispuesto a ser cada día mejor discípulo suyo.

APRENDEMOS LOS NÚMEROS 61 A 67 DEL CATECISMO "JESÚS ES EL SEÑOR".

JESUS

Terminamos nuestro encuentro haciendo algunas peticiones a Jesús.
Yo hago la petición y vosotros respondéis: **"Jesús, escúchanos"**.

CATEQUISTA: Jesús, aumenta en nosotros y en nuestros padres la fe y el amor al sacramento de la Eucaristía.

NIÑOS: *Jesús, escúchanos.*

CATEQUISTA: Jesús, que sepamos escuchar atentamente tu Palabra cuando se proclama en la celebración de la Eucaristía.

NIÑOS: *Jesús, escúchanos.*

CATEQUISTA: Jesús, te pedimos nos concedas una fe viva y fuerte cuando te recibimos en la Sagrada Comunión.

NIÑOS: *Jesús, escúchanos.*

CATEQUISTA: Jesús, que nuestros papás nos acompañen los domingos a la Eucaristía para encontrarnos contigo.

NIÑOS: *Jesús, escúchanos.*

Te lo pedimos a Ti, que vives y reinas por los siglos de los siglos.

Amén.

Estas actividades son para hacer conjuntamente los padres (o uno de ellos) con el hijo o la hija. No es difícil encontrar unos minutos para ayudarles en su formación cristiana.

Catequesis familiar

link

▶ "El Camino de Emaús"

Ved en familia este vídeo
y luego comentáis:
¿Qué nos ha gustado más?
¿Cuál es su principal mensaje?

Lee y explica

Lee con tus padres sobre qué es **Comulgar** y se lo comentas (pág. 18).

Lee también lo que es la **"comunión espiritual"** (si algo no entiendes, pregúntaselo a tu catequista).

Consulta el libro y completa
estas preguntas:

¿Cómo se llamaba uno de los caminantes?

¿Reconocieron a Jesús en el camino?

¿Cuándo le reconocieron?

¿Qué hicieron cuando Jesús desapareció?

¿Qué día de la semana celebramos los cristianos la Resurrección de Jesús?

Observa y completa

Pan	Antes	Tomad y comed todos de él, porque esto es mi Cuerpo...	Después
Vino	Es		Parece pero es su
Cuerpo	Antes	Tomad y bebed todos de él, porque este es el cáliz de mi Sangre...	Después
Sangre	Es		Parece pero es su

TOMÁS, el incrédulo

link

▶ "Bienaventurados los que no vieron y creyeron"

OBJETIVO: Percibir que la fe en Jesús Resucitado nos ha llegado a través de los apóstoles.
CATECISMO "Jesus es el Señor", tema 21.

Me llamo Tomás y soy uno de los Doce apóstoles al que todos conocen como el **"incrédulo"** porque a la hora de la verdad no creí que Jesús había resucitado. Es que... **¡¡no me lo podía creer!!** ¡Y eso que fui testigo de la resurrección de Lázaro!

Yo era un hombre decidido y **valiente**. Tanto, que cuando Jesús quiso ir a Betania a resucitar a Lázaro todos teníamos miedo, ya que sus enemigos le buscaban para matarle, pero me armé de valor y grité: ¡*"vayamos también nosotros y muramos con Él"*! Lo dije con todo mi **corazón**, de verdad, aún sabiendo que nos podía costar la vida.

También tenía mucha **confianza en Jesús**, y como no quería quedarme con dudas le preguntaba lo que no entendía. En una ocasión, Él nos dijo que se iba a prepararnos un lugar para estar todos juntos y que ya sabíamos el **camino**. Me quedé asombrado, pues no entendí de qué camino hablaba, así que se lo pregunté, y gracias a eso nos dejó para siempre una frase maravillosa: *"Yo soy el Camino, la verdad y la Vida"* (Juan 14,6).

el personaje

¿Tomás creía realmente que Jesús podía resucitar?

¿Qué significan las palabras de Jesús: "Yo soy el Camino, la verdad y la Vida"?

Palabra -de- Dios

"LA PAZ SEA CON VOSOTROS"

Os voy a explicar cómo me gané el apodo de **"incrédulo"**: Como sabéis, María Magdalena vino corriendo al lugar donde estábamos para comunicarnos que el Señor estaba vivo y se le había aparecido cerca del sepulcro. María estaba muy excitada y no la hicimos caso.

Yo me ausenté a media tarde y, según me contaron algunos **apóstoles**, al anochecer de ese mismo día Jesús se apareció en el **Cenáculo** ante ellos. No podían explicar cómo pudo ser pues la puerta estaba atrancada y vigilada. Me contaron que Jesús les había mostrado las manos y el costado con las llagas y que les había dicho: "La paz sea con vosotros".

Como ya dije, yo no estaba presente, y mi reacción al escuchar ese relato fue de total **incredulidad**. Sin embargo, estaban locos de alegría y me hablaban todos a la vez queriendo contarme lo que habían vivido y decían a voces: **"¡Hemos visto al Señor!"**. Yo, con un gesto de desdén, les respondí: **"Si no veo en las manos la marca de los clavos y no meto mi mano en su costado no creeré"** (*Juan* 20, 25).

ACTIVIDADES

Piensa y contesta:

¿Por qué los apóstoles no creyeron lo que les dijo María Magdalena?

¿Por qué Tomás no quiso creer el testimonio de los demás apóstoles?

¿Cómo es posible que Jesús entrara en una habitación totalmente cerrada?

"SEÑOR MÍO Y DIOS MÍO"

Al domingo siguiente por la tarde volvió Jesús y en esa ocasión **yo estaba con los demás**. Después de saludarnos **me llamó** y con una sonrisa me dijo: *"Tomás, trae aquí tus dedos y mira mis manos, trae tu mano y métela en mi costado y no seas incrédulo sino creyente" (Juan 20, 27).*

Se me cayó la cara de **vergüenza** y en mi interior le pedí **perdón**. Me acerqué y vi sus manos agujereadas por los clavos y el costado abierto. Entonces **caí de rodillas** y le dije lleno de amor y de fe: *"Señor mío y Dios mío"*. Proclamé así que Jesús Resucitado era mi Señor y mi Dios. Él me dijo:

"Tomás, ¿por qué has visto has creído? Bienaventurados los que crean sin haber visto" (Juan 20, 29).

Tú tampoco le has visto Resucitado como le vimos nosotros, pero **te fías y crees** –y haces bien– de que es verdad que **Jesús está vivo**, porque nosotros lo vimos Resucitado y se lo comunicamos a los primeros discípulos y éstos a los siguientes y así hasta ti. Y ahora **eres tú el que se lo ha de comunicar a otros** y así hasta el fin del mundo: ¡Dichoso tú porque crees sin haber visto!

REFLEXIONA

Vamos a hacer como los apóstoles:

- Tú puedes contar a dos amigos de tu clase que Jesús ha resucitado.
- Luego cada uno de ellos se lo dirá a otros dos, y así hasta que todos los niños de la clase hayan recibido la noticia. ¿Verdad que es sencillo?
- Pues así debemos hacer también fuera de la clase, con los amigos, con tus hermanos...

La fe nos la da Dios en el momento del Bautismo. Al ser implantada, es como una **semilla** muy pequeña puesta por Dios en nuestra alma, que ni siquiera se ve, la cual debemos **cuidar** y hacerla crecer. Hay personas que no se preocupan de acrecentar la semilla de la fe y esta, en lugar de crecer, decae, y a veces parece que se ha muerto. Otros se excusan pensando que a Jesús no le vemos y, con poco sentido común concluyen: "lo que no se ve no existe". Según esto no existiría la electricidad.

Sin embargo, Jesús le dijo a Tomás: *"Bienaventurados los que crean sin haber visto".* Nosotros no hemos visto a Jesús resucitado (como no vemos la corriente eléctrica), pero nos fiamos de su palabra, de su Evangelio, que nos ha llegado a través de los apóstoles, a través de la Iglesia... Por eso queremos ser **bienaventurados** y llegar al cielo con la ayuda de Jesús Resucitado.

PARA MI VIDA CRISTIANA

Por la FE crees en la Palabra de Dios y en lo que la Iglesia nos enseña.

Cada Domingo afirmamos nuestra Fe en la Resurrección de Jesús al participar en la Santa Misa.

APRENDEMOS LOS NÚMEROS 3, 8, 37 Y 38 DEL CATECISMO "JESÚS ES EL SEÑOR".

Recitamos todos juntos el **"Símbolo de los Apóstoles"** (Credo breve) y después:

El catequista y los niños ponen ejemplos de las cosas que cuidamos con esmero porque nos importan mucho (ejemplos: la salud, el material escolar, etc.).

Mantenemos un diálogo acerca de lo anterior. Si cuidamos todo lo que nos importa, **¿cómo debemos cuidar lo más importante que tenemos, que es la FE (la salud del alma), que vale más que todo lo demás?**

Vamos a terminar nuestro encuentro con unas peticiones a Jesús.
Yo las digo y vosotros contestáis: **"Jesús, auméntame la FE."**

CATEQUISTA: *Te pedimos que todos los hombres y mujeres del mundo sean humildes y crean de verdad que tú estás vivo y les amas*

NIÑOS: **Jesús, auméntame la FE.**

CATEQUISTA: *Te pedimos que todos los niños del mundo te conozcan y se hagan de verdad discípulos tuyos.*

NIÑOS: **Jesús, auméntame la FE.**

CATEQUISTA: *Te pedimos que nosotros comuniquemos a nuestros amigos lo que aprendemos de Ti en estas catequesis.*

NIÑOS: **Jesús, auméntame la FE.**

AHORA DECIMOS TODOS JUNTOS: PADRE NUESTRO...

Estas actividades son para hacer conjuntamente los padres
(o uno de ellos) con el hijo o la hija. No es difícil encontrar
unos minutos para ayudarles en su formación cristiana.

Catequesis familiar

link

▶ **"Bienaventurados los que
no vieron y creyeron"**

Ved en familia este vídeo
y luego comentáis. Si quieres, puedes
anotar alguna pregunta para
preguntársela al catequista el próximo
día de catequesis.

Sopa de letras

Busca y encuentra las palabras:

A Tomás le llamamos el...

*Jesús dijo: "Yo soy el Camino,
la Verdad y la...*

*Los Apóstoles le dijeron:
"Hemos visto al...*

Jesús le dijo: "Mete la mano en mi...

*Tomás no creía que Jesús
pudiera...*

A Tomás le faltó la virtud de la...

I	E	R	F	X	F	G
N	A	E	E	V	D	F
C	O	S	T	A	D	O
R	X	U	B	V	R	D
E	U	C	O	N	F	E
D	Y	I	O	B	X	E
U	K	T	A	A	Z	S
L	J	A	P	L	M	E
O	L	R	O	N	N	Ñ
Ñ	A	S	L	M	E	O
V	I	D	A	J	Y	R

Una cuestión difícil

Lee con tus padres la página 25
y explícales cómo no todo lo que
existe se ve.

Buscad otros ejemplos de cosas
que existen y no se ven y escríbelos:

ANDRÉS, apóstol

link

▶ "Apacienta mis ovejas"

OBJETIVO: Jesús entrega a Pedro –como primer Papa– la autoridad suprema en su Iglesia.
CATECISMO "Jesús es el Señor", tema 24.

· el · personaje

Yo soy Andrés. El mismo día que conocí a Jesús fui a buscar al lago a mi hermano **Simón**, le hablé de Jesús y le conduje hasta Él. Nada más verlo, Jesús le cambió el nombre de Simón. Le dijo: *"En adelante te llamarás Pedro, que significa piedra"*.

Pasó algún tiempo, y cierto día Jesús nos preguntó a los doce quién creíamos que era Él. Mi hermano Pedro le respondió: *"Tú eres el Cristo, el Hijo de Dios vivo"*. Jesús le dijo que sobre él iba a iba a **edificar su Iglesia**. Todos nos dimos cuenta de que aquello era un encargo muy importante. Por eso, cuando Pedro **negó** conocer a

Jesús durante la Pasión, creímos que Jesús ya no le tendría en cuenta. **¡Qué equivocados estábamos!**

Unos días después de la **Resurrección** de Jesús, siete de sus discípulos salimos a **pescar** en el Mar de Galilea. En toda la noche no cogimos nada. Al amanecer, un hombre nos dijo que echáramos la red a la derecha. Le hicimos caso y cogimos tantos **peces** que llenamos dos barcas y casi se hundían. Juan se dio cuenta de que era Jesús y se lo dijo a mi hermano. Pedro se echó al agua para ir a su **encuentro**.

"PEDRO, ¡APACIENTA MIS OVEJAS!"

Cuando sacamos las redes, **Jesús nos invitó** a comer pan y pez asado. Al terminar de comer se dirigió a Pedro y le preguntó: *"Simón, ¿me amas más que éstos?"* Él le contestó: *"Sí, Señor, tú sabes que te amo".* Jesús le dijo: *"Apacienta mis corderos".* Al poco rato, Jesús volvió a preguntarle lo mismo y Pedro contestó como la primera vez. Jesús, por tercera vez, hizo la misma pregunta y mi hermano se entristeció porque se acordó de que había negado tres veces a Jesús en la Pasión. Y temblando le dijo: *"Señor, Tú lo sabes todo, tú sabes que te amo".* Jesús le respondió: *"¡Apacienta mis ovejas!"* (Juan 21, 15-17).

De este modo, Jesús entregó a Pedro el **cuidado de la Iglesia** para que la dirigiera en su nombre y con su misma autoridad a través de los siglos. Pedro, con la ayuda de Jesús y del **Espíritu Santo**, ha de guiar a los demás discípulos de Cristo por el verdadero camino que lleva al **Cielo** y mantener a todos en la Iglesia bien unidos en la fe y en la caridad. Al morir Pedro, esa autoridad pasa a sus sucesores, es decir, al **Papa** (Padre) en cada momento de la Historia.

REFLEXIONA

Tú, como discípulo de Jesús, tienes que estar muy unido al Papa. Piensa un poco:

¿Cómo puedes estar más unido a él?

¿Cómo le puedes ayudar?

¿Cuándo puedes tú rezar por él?

JESÚS ENTREGA A PEDRO LAS LLAVES DE LA IGLESIA

¿No te parece que Jesús fue muy bueno con mi hermano? Cuidar a las ovejas y corderos del rebaño de Jesús, es decir, de los que serían sus discípulos, llevaba consigo lo que le había dicho en otra ocasión: *"Te daré las llaves del Reino de los Cielos. Lo que ates en la tierra, quedará atado en el Cielo y lo que desates en la tierra, quedará desatado en el Cielo"* (Mt 16, 16-18). Que era tanto como decirle que le daba **autoridad** para ordenar o prohibir lo que considerase necesario para la vida de la **Iglesia**.

Fíjate: esa promesa se la había hecho Jesús **antes** de que Pedro le negara tres veces en su Pasión. Cualquiera de nosotros hubiera dejado de confiar en Pedro y le habría anulado la promesa. En cambio, **Jesús siguió confiando** en él como si no hubiese pasado nada. ¡Es increíble lo bueno que es Jesús! ¡**Cómo perdonó y cómo confió en Pedro**!

La **confianza** que Jesús tuvo en Pedro es la misma que debemos tener nosotros en el **Papa**. Siempre ocupará este puesto un hombre elegido por Dios, que, además, nunca actúa solo, pues el **Espíritu Santo** está siempre junto a él indicándole lo que ha de hacer y decir para el bien de la Iglesia.

ACTIVIDADES

Explica con tus palabras qué significa "tener plena confianza" en alguien. Pon algunos ejemplos.

Luego comenta con tus compañeros por qué hemos de confiar en el Papa, sea este quien sea.

EL PAPA ES EL VICARIO DE CRISTO EN LA TIERRA

Al Papa como Vicario de Cristo en la tierra la corresponden determinados signos, también llamados **insignias papales**. Estos son:

- LA MITRA
- EL PALIO PAPAL
- EL ANILLO DEL PESCADOR
- EL BÁCULO

el signo

El Papa recibe distintos nombres. Vamos a conocer y a comentar cuál es el significado de cada uno de ellos:

Papa
Santo Padre
Romano Pontífice
Obispo de Roma

Los católicos creemos que el Papa es el **representante de Cristo** en la tierra:

- Por eso, profesamos **obediencia** al Papa, como legítimo sucesor de Pedro, cabeza de los Apóstoles.
- **Rezar por la santidad** del Papa es rezar por la santidad de la Iglesia
- Desde san Pedro hasta nuestros días ha habido **264 papas**.
- De los Papas que ha habido en la Iglesia **89** han sido declarados **santos o beatos**.
- Cuando un Papa muere los cardenales de la Iglesia eligen, reunidos en **Cónclave**, a otro Romano Pontífice, invocando al **Espíritu Santo**.

APRENDEMOS

El Papa es el sucesor del apóstol San Pedro y se le llama Vicario de Jesucristo porque hace las veces de Jesús en el gobierno de la Iglesia.

APRENDEMOS LOS NÚMEROS 41 AL 44 DEL CATECISMO "JESÚS ES EL SEÑOR".

PEDRO Y LOS DEMÁS APÓSTOLES NAVEGAN EN LA BARCA DE JESÚS, QUE ES SU IGLESIA

¡Celebramos!

Observamos la imagen de la barca en la que van San Pedro y los demás apóstoles, debajo colocamos dos libros: el Nuevo Testamento y el Catecismo.

El celebrante explica brevemente:

1. Que la barca representa a la Iglesia, y que dentro, bajo la guía de Pedro, estamos todos.

2. La misión fundamental del Papa es ser "principio y fundamento, perpetuo y visible, de la unidad de fe y de la comunión" (LG 18), dice el Vaticano II, repitiendo la doctrina del Vaticano I.

Hoy vamos a terminar rezando por el Papa, los obispos y los sacerdotes.
Como otras veces, el catequista hace la petición y los demás responden:
"Jesús, escúchanos".

CATEQUISTA: Señor Jesús: ayuda y protege al Papa para que nos guíe a todos hacia el Cielo.

NIÑOS: Jesús, escúchanos.

CATEQUISTA: Señor Jesús, que todos los obispos y sacerdotes sigan siempre la voz del Papa en lo que toca a la fe y a la moral cristiana.

NIÑOS: Jesús, escúchanos.

CATEQUISTA: Señor Jesús, danos muchos y santos sacerdotes que nos ayuden a practicar las enseñanzas del Papa.

NIÑOS: Jesús, escúchanos.

CATEQUISTA: Te lo pedimos a ti, Señor Jesús, que vives y reinas por los siglos de los siglos.

NIÑOS: Amén.

Estas actividades son para hacer conjuntamente los padres
(o uno de ellos) con el hijo o la hija. No es difícil encontrar
unos minutos para ayudarles en su formación cristiana.

Catequesis familiar

link

▶ "Apacienta mis ovejas"

Ved en familia este vídeo
y luego comentáis.
¿Qué nos ha gustado más?
¿Cuál es su principal mensaje?

¿Conoces bien los Evangelios?

Jesús resucitado le preguntó a
Pedro por tres veces si le amaba.
¿Recuerdas que palabras le
respondió Pedro cuando Jesús
se lo preguntó por tercera vez?
Escríbelas:

¿Y qué le respondió Jesús?

Sopa de letras

Busca y encuentra las palabras:

Primer nombre del
hermano de Andrés.

¿Quién le cambió el nombre
a Simón?

¿Dónde pescaban Andrés y
Pedro?

Pedro fue el primer...

Jesús encargó a Pedro el
cuidado de la...

¿Cómo se llama el bastón
que usa el Papa?

¿Cómo se llama al Papa en
cuanto representante de
Jesucristo?

T	B	A	C	U	L	O
A	I	S	E	L	G	I
P	R	U	V	L	O	R
A	L	S	C	A	K	A
P	A	E	S	V	J	C
A	G	J	H	E	F	I
N	O	M	I	S	O	V

BARTOLOMÉ apostol

link

"El Espíritu Santo"

OBJETIVO: Comprender que la Confirmación comunica el Espíritu Santo enviado en Pentecostés.

CATECISMO "Jesus es el Señor", temas 22, 24 y 29.

Soy Bartolomé, también conocido como Natanael. Os voy a contar cómo **conocí** a Jesús, pues es lo más maravilloso que me ha ocurrido en la vida. Como sabéis, los israelitas esperábamos la llegada del **Mesías**.

Pues bien, un día, **Felipe**, que era mi mejor amigo, llegó a donde yo estaba y me dijo: "hemos encontrado al Mesías". Me quedé mudo de **asombro**, sobre todo cuando me dijo que este era Jesús de **Nazaret**. ¿Nazaret?, pero... ¡si era un pueblo insignificante! Así que le pregunté: "¿De Nazaret puede salir algún profeta?" Felipe solo me contestó: "Ven y verás".

Le hice caso y me llevó a donde estaba Jesús. El Señor, al verme llegar, se levantó, me miró con **mucho cariño** y señalándome dijo: "Ahí tenéis un israelita verdadero y honrado". Me quedé anonadado y le pregunté de qué me conocía, a lo que me contestó: "antes de que te trajera Felipe te vi debajo de la **higuera**". Aquella respuesta me impactó, pues creía que sólo yo sabía lo que había ocurrido allí. Muy emocionado, caí de rodillas y le dije: "Tú eres el Mesías, el Rey de Israel". Y me hice **discípulo** suyo. Más tarde él me eligió para que fuese uno del grupo de los Doce (*Juan* 1, 43-51).

el personaje

¿Cómo fue la primera conversación entre Felipe y Bartolomé?

¿Conocía Jesús cómo era el corazón de Bartolomé?

¿Cómo le mostró Jesús que le conocía muy bien?

LA VENIDA DEL ESPÍRITU SANTO

Antes de su Muerte, Jesús nos había dicho muchas veces que nos mandaría un **Paráclito**, un Consolador, para que nos ayudase y consolase después de que Él nos dejara.

Un día, los Doce estábamos todos **juntos** en una casa de Jerusalén celebrando la fiesta de Pentecostés. También estaba con nosotros, **María**, la Madre de Jesús. Todos rezábamos con insistencia al Padre pidiéndole que nos enviara el Paráclito que Jesús nos había prometido. De repente, entró en la casa un **viento** tan grande que la llenó por completo, y más fuerte que un **trueno**. Además, aparecieron sobre nuestras cabezas unas *lenguas* como de *fuego*.

¡Fue **impresionante**! Todos a una, llenos de valor salimos a la calle y empezamos a **anunciar** a Jesús. Decíamos a gritos que **Jesús era el Mesías**, que había muerto y resucitado para salvarnos, invitábamos a los oyentes a arrepentirse de sus **pecados** y a **bautizarse**. Por aquellos días, Jerusalén estaba lleno de gentes de muchas naciones y aunque cada uno hablaba una **lengua diferente**, todos nos entendían. (*Hechos* 2, 1-7).

REFLEXIONAMOS

¿Quién era el Paráclito?
¿Qué hacían los apóstoles con la Virgen María en aquel lugar?
¿Qué sucedió entonces? Explícalo con tus palabras.

LOS APÓSTOLES ANUNCIAN A JESUCRISTO CON VALOR

¡Fue maravilloso lo que hizo el Espíritu Santo! Nosotros, éramos *muy cobardes*, como demostramos en la **Pasión** al abandonar a Jesús cuando más nos necesitaba. Pero el Espíritu Santo nos hizo tan *valientes*, que no teníamos miedo a nadie, ni siquiera a los jefes del pueblo, aunque nos metían en la **cárcel** porque predicábamos a Jesús. Incluso la posibilidad de morir como mártires nos llenaba de entusiasmo. ¡Estábamos dispuestos a **dar la vida por Jesús**!

No te puedes imaginar lo que antes *nos costaba aprender* las cosas que Jesús nos enseñaba, aunque las explicaba de una manera muy sencilla y las repetía una y otra vez. Pero las palabras de Jesús nos superaban. En cambio, ahora, al recibir el Espíritu Santo lo que nos había dicho Jesús se nos hizo **claro como la luz del día**.

También éramos entonces muy *nacionalistas*, de modo que pensábamos que Dios enviaba al **Mesías** sólo para los judíos. El Espíritu Santo nos hizo comprender que lo era **para todos** los hombres y mujeres del mundo. (*Hechos* 2, 36-41).

REFLEXIONAMOS

¿Cómo sabemos que los Apóstoles pasaron de ser cobardes a ser muy valientes?

Antes les costaba entender lo que Jesús les decía. Ahora lo entendían todo muy bien; ¿quién les ayudaba?

el signo

LAS LENGUAS DE FUEGO

El **día** de **Pentecostés** entró de repente en la casa donde estaban los Apóstoles y la Virgen María un viento impetuoso y un estruendo más fuerte que un **trueno**. Y, a la vez, aparecieron sobre sus cabezas unas **lenguas como de fuego** (*Hechos* 2, 3-4).

Ese día, la misión de **Cristo** y del **Espíritu Santo** se convirtieron en la misión de la **Iglesia**, enviada para difundir el Evangelio hasta el último rincón de la tierra. El Espíritu Santo dota a los bautizados de una fortaleza y audacia especial por medio de sus **siete dones** para cumplir la voluntad de Dios.

Cuando tú recibas la **Confirmación**, el obispo, que es sucesor nuestro, te comunicará este gran don con estas palabras: *"Fulanito, recibe por esta señal el don del Espíritu Santo"*. A lo que tú dirás: *"Amén"*, que equivale a decir: **lo acepto**.

LOS DONES DEL ESPÍRITU SANTO

DON DE SABIDURÍA
DON DE ENTENDIMIENTO
DON DE CONSEJO
DON DE FORTALEZA
DON DE CONOCIMIENTO
DON DE PIEDAD
DON DE TEMOR DE DIOS.

APRENDEMOS

Los dones del Espíritu Santo son siete. El primero es el don de Sabiduría y el último el don de Temor de Dios.

APRENDEMOS LOS NÚMEROS 39 AL 42, 44 Y 56 DEL CATECISMO "JESÚS ES EL SEÑOR".
REPASAMOS LOS 7 DONES DEL ESPÍRITU SANTO QUE ESTÁN EN ESTA PÁGINA.
REZAMOS EL CREDO COMO EXPRESIÓN DE NUESTRA FE (PÁG. 101).

¡Celebramos!

Nos reunimos en torno a la **Biblia** y recordamos que este libro ha sido inspirado por el Espíritu Santo. Después encendemos una **vela** y nos la vamos pasando de uno a otro diciendo estas palabras:

"Te paso esta luz como símbolo de la Palabra de Dios que debemos anunciar a todo el mundo".

Terminamos nuestro encuentro con una oración al Espíritu Santo.

Todos:
Ven, Espíritu Santo,
Llena los corazones de tus fieles
y enciende en ellos el fuego de tu amor.
Envía, Señor, tu Espíritu
Y renueva la Iglesia y el mundo.

Catequista:
Dios todopoderoso,
Envía sobre este grupo el Espíritu Santo:
Llénales a todos de espíritu de sabiduría
y de inteligencia,
De espíritu de consejo y de fortaleza,
De espíritu de ciencia y de piedad;
Y cólmales del espíritu de tu santo temor.
Por Jesucristo nuestro Señor

Todos: Amén.

Estas actividades son para hacer conjuntamente los padres
(o uno de ellos) con el hijo o la hija. No es difícil encontrar
unos minutos para ayudarles en su formación cristiana.

¿Conoces bien los evangelios?

Lee con tus padres el texto de la página 29 del libro: "La venida del Espíritu Santo".

Luego comentáis la actividad que está al final de la página "Reflexionamos".

Completa las frases

Bartolomé fue llamado por

_____ .

Los _____ recibieron el

_____ Santo en forma de

_____ de _____ .

Era la fiesta de _____ .

Después anunciaron a Jesús

con _____ .

Proclamaban que Jesús

había _____ .

Y que Jesús era el _____ .

Sopa de letras

Busca y encuentra las palabras:

¿Quién llevó a Bartolomé hasta Jesús?

¿Bajo qué árbol estaba?

Jesús le eligió para ser...

Lo que apareció sobre sus cabezas.

¿Quién estaba con los Apóstoles ese día?

¿De qué eran las lenguas?

Formó parte del grupo de....

F	E	L	I	P	E	A
U	F	G	W	F	E	P
E	S	A	D	J	D	O
G	D	C	O	H	F	S
O	I	S	C	X	C	T
J	U	D	E	C	V	O
K	L	X	Z	N	B	L
H	I	G	U	E	R	A
A	S	D	D	H	G	O
M	A	R	I	A	V	L
B	V	D	O	N	E	S

SANTIAGO, el menor

link

▶ "La lengua es un fuego"

OBJETIVO: El cristiano vive de la Palabra de Dios, la Eucaristía, la oración y el amor fraterno.

CATECISMO "Jesus es el Señor", temas 24 y 25.

Yo soy Santiago, conocido como "el menor", para distinguirme del otro Santiago que era hermano de Juan. Mi padre se llamaba Alfeo y mi madre María de Cleofás. Fui **primo de Jesús** y él me eligió para que fuera **uno de los Doce Apóstoles.** Los Hechos de los Apóstoles me presentan como un personaje muy autorizado en la comunidad cristiana de Jerusalén.

Fui el primer obispo de Jerusalén y jugué un papel destacado en el *primer concilio ecuménico*, que se celebró precisamente en esa ciudad. Ese concilio fue muy **importante**, porque determinó que los discípulos de Jesús que venían del mundo pagano no estaban obligados a observar la Ley de Moisés. De este modo quedaba claro que el evangelio era para todos los hombres de todas las razas y pueblos y que la salvación viene de la fe en Jesucristo.

el **personaje**

Ocupé un lugar destacado en la **primitiva Iglesia de Jerusalén** cuando los demás Apóstoles ya se habían dispersado para predicar el Evangelio de Jesús por medio vmundo.

¿Sabes lo que es un Concilio ecuménico?

¿Puedes explicar lo que se debatió en ese primer Concilio?

SANTIAGO, PRIMER OBISPO DE JERUSALÉN

Como **obispo de la primera comunidad de Jerusalén**, tuve la inmensa suerte de ver cómo vivieron los primeros cristianos. Era una maravilla verles unidos como hermanos, pendientes de lo que los Apóstoles les enseñábamos, participando a diario en la Eucaristía y rezar y cantar salmos.

Procurábamos todos **vivir como hermanos y servidores de los demás**, también de los no cristianos. La gente sencilla de la ciudad nos tenía gran aprecio. En cambio, los jefes del pueblo se enfadaban frecuentemente con nosotros y nos metían en la cárcel con cualquier excusa. Pero nos sentíamos contentos de sufrir un poco por el hecho ser discípulos de Jesús.

Un día vino a visitarnos Pablo, que ya se había convertido en un ferviente apóstol de Jesús. Estaba deseoso de cumplir muy bien su misión; quería comprobar si lo que él predicaba de Jesús era lo correcto. Sólo estuvo con Pedro y conmigo. Los dos le acogimos como a un hermano y le dijimos que siguiera predicando a Jesús como había hecho hasta entonces (*Hechos* 2, 22. 23. 32. 37-40).

ACTIVIDADES

Busca en el libro de los Hechos:
Consulta Hechos 2, 42-47 y explica cómo era la vida de los primeros cristianos.
Haz lo mismo con Hechos 5, 12- 16.

LA "CARTA DE SANTIAGO"

Entre los escritos de los apóstoles hay uno que lleva mi nombre. Se llama **Carta de Santiago**. Está dirigida a los cristianos que vivían fuera de Palestina y lleva como encabezamiento la frase: *"Santiago, siervo del Señor Jesucristo"*. En esa Carta digo dos cosas importantes:

La primera es que la fe no puede quedarse en palabras sino que tiene que manifestarse en obras, porque si no está muerta. Es decir, que no basta llamarse cristiano sino que debemos probarlo con nuestra conducta.

La segunda es que hay un sacramento para los enfermos. Propiamente no es para los que están agonizando –aunque ellos también lo deben recibir– sino para los que, por edad o enfermedad, están en peligro grave. Cuando los enfermos lo reciben, *Jesucristo les ayuda a vivir la enfermedad como cristianos* y, si les conviene, incluso les devuelve la salud del cuerpo. (*Santiago* 5, 13-15).

ACTIVIDADES

Lee y reflexiona:

Consulta el capítulo 3 de la Carta de Santiago y extrae algunas conclusiones prácticas.

LA PRIMERA COMUNIDAD DE JERUSALÉN

el signo

Los primeros conversos al cristianismo **fueron judíos** de la ciudad de **Jerusalén**. No sabemos el número de seguidores de Jesús que había en Jerusalén cuando murió y resucitó. En todo caso, es con motivo de lo sucedido en la fiesta de **Pentecostés** cuando el número de seguidores de Jesús experimenta un notable **crecimiento**. El libro de los Hechos de los Apóstoles nos da el dato de que ese mismo día, con motivo del **primer discurso** de san Pedro a los judíos, muchos *aceptaron su palabra y fueron bautizados; y aquel día se les unieron unas tres mil almas (Hechos 2, 41).*

Probablemente no todos eran residentes de Jerusalén, pues ese día habían acudido a esta ciudad judíos de otras naciones, pero sí lo serían un buen número de ellos.

San Lucas describe también en los Hechos la vitalidad espiritual de la **primera comunidad** cristiana de Jerusalén (*Hechos* 4, 32-37). Pues bien, **Santiago el Menor** sería el escogido por Pedro como primer obispo de esta comunidad. Y sabemos que unos años después, en medio de una cruenta persecución de los judíos a los cristianos, Santiago **sufrió martirio** hacia el año 60.

ASÍ SE VE JERUSALÉN
DESDE EL MONTE DE LOS OLIVOS

APRENDEMOS

El domingo los cristianos se reúnen para celebrar la Eucaristía y escuchar la Palabra de Dios.

APRENDEMOS LOS NÚMEROS 39, 40, 41, 44, 51, 61 Y 66 DEL CATECISMO "JESÚS ES EL SEÑOR".

¡Celebramos!

LA VIDA EJEMPLAR
DE LOS PRIMEROS CRISTIANOS

Para celebrar al apóstol Santiago, que tan bien pastoreó a la primera comunidad de Jerusalén, vale la pena recordar la Carta a Diogneto, de autor desconocido, escrita entre los siglos II y III, testimonio documental extraordinario para conocer cómo era la vida de nuestros primeros hermanos en la Fe.

Fragmento de la "Carta a Diogneto"

(Los cristianos) "cumplen con lealtad sus deberes ciudadanos, pero son tratados como forasteros. Se casan como todos, tienen hijos, pero no abandonan a sus recién nacidos. Habitan en la tierra, pero como ciudadanos del cielo. Obedecen a las leyes del Estado, pero, con su vida, van más allá de la ley. Aman a todos y son perseguidos por todos (...). Son pobres, pero hacen ricos a muchos. No tienen nada, pero abundan en todo. Son despreciados, pero en el desprecio encuentran gloria ante Dios. Les cubren de injurias y ellos bendicen. Son maltratados y ellos tratan a todos con amor (...). Aunque se les castigue, están serenos, como si, en vez de la muerte, recibieran la vida".

Dialogamos:

¿Qué te ha llamado más la atención de lo que dice esta carta?

REZAMOS UN PADRENUESTRO UNIDOS A LOS PRIMEROS CRISTIANOS DE JERUSALÉN.

APRENDE BIEN LOS MANDAMIENTOS DE LA IGLESIA (PÁG. 103).

Estas actividades son para hacer conjuntamente los padres (o uno de ellos) con el hijo o la hija. No es difícil encontrar unos minutos para ayudarles en su formación cristiana.

Las siguientes preguntas no son fáciles de contestar. Tendrás que investigar un poco:

¿Cuántos Santiagos había entre los doce Apóstoles?

¿Por qué a uno se le llama Mayor y al otro Menor?

¿Sabes qué puesto ocupó Santiago el Menor después de subir Jesús al Cielo?

¿Verdadero o falso?

El día de Pentecostés se bautizaron 1.000 judíos.

VERDADERO ⬭ | ⬭ FALSO

Santiago el Menor fue Obispo de Jerusalén.

VERDADERO ⬭ | ⬭ FALSO

El Concilio de Jerusalén abolió la Ley de Moisés.

VERDADERO ⬭ | ⬭ FALSO

San Pablo nunca estuvo en Jerusalén.

VERDADERO ⬭ | ⬭ FALSO

Santiago el Menor escribió una importante carta.

VERDADERO ⬭ | ⬭ FALSO

Los cristianos cumplían con lealtad los deberes ciudadanos.

VERDADERO ⬭ | ⬭ FALSO

Leemos en familia

Leemos en familia el capítulo 3 de la Carta de Santiago y hacemos una síntesis de ella en tres frases bien pensadas:

NICODEMO, el fariseo

link

"Jesús enseña acerca de nacer de nuevo"

OBJETIVO: Descubrir la grandeza e importancia del sacramento del Bautismo.
CATECISMO "Jesus es el Señor", temas 26 y 28.

Yo soy Nicodemo, el fariseo amigo de Jesús. En tiempos de Jesús yo era un **fariseo importante**. Vivía en Jerusalén y era miembro del Sanedrín, que era el Senado que gobernaba al pueblo de Israel. Conocía muy bien las Escrituras, porque era doctor de la Ley y encargado de explicársela a la gente.

Cuando me contaron personas rectas y de confianza que un tal Jesús hacía **milagros** comencé a seguirlo, medio escondido para no llamar la atención. Cierto día, después de ver cómo devolvía la vista a un **ciego**, pensé seriamente en hacerme discípulo suyo.

Amparado por la oscuridad, una noche decidí ir a **hablar con él**. *Mantuvimos una conversación muy importante.* Sin exagerar, pienso que es la más importante que he tenido en toda mi vida. En ella me dijo tres cosas. La primera, que para entrar en el Reino que él anunciaba, había que volver a nacer; la segunda, que este nuevo nacimiento lo realiza el **Bautismo** y la tercera que él era el Mesías, el Hijo de Dios.

Cuando Jesús murió, fui con José de Arimatea al Calvario para bajar al Señor de la Cruz y darle piadosa sepultura.

el personaje

¿Por qué Nicodemo procuraba que no se supiera que era seguidor de Jesús?

Entonces, ¿cómo se explica que fuera al Calvario para bajar de la Cruz el cadáver de Jesús?

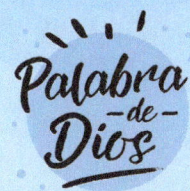

"HAY QUE NACER DE NUEVO"
(JUAN 3, 1-6)

Yo inicié la conversación diciéndole que las cosas que él hacía sólo podían explicarse porque era un enviado de **Dios**. Él me respondió de una forma que me dejó desconcertado, pues me dijo: "Uno que no nazca de nuevo, no puede ver el Reino de Dios". Yo le dije que no entendía lo que quería decirme, porque pensé que se refería a que debía entrar otra vez en el seno de mi madre para volver a nacer, lo cual es imposible.

Entonces, Jesús añadió algo muy **importante**: "El que no nazca del agua y del Espíritu Santo no puede entrar en el Reino de Dios" (*Juan 3, 5*). Y me explicó que se refería al "nuevo nacimiento espiritual" que sucede en el **Bautismo**.

Efectivamente, cuando tú lo recibas –o cuando lo has recibido, si ya eres cristiano– el sacerdote se sirve del **agua** y de unas palabras que nos dejó Jesús para hacerte nacer a *la vida de los hijos de Dios* y comunicarte el **Espíritu Santo**. Hasta ese momento eras hijo solo de tu papá y de tu mamá. En cambio, desde entonces eres también hijo de Dios.

ACTIVIDADES

¿Puedes explicarlo?

¿De qué nacimiento habla Jesús a Nicodemo? ¿Cuándo tiene lugar?

¿A qué vida nueva se nace con el Bautismo? ¿En qué consiste esa "vida nueva"?

Aquella noche, Jesús quiso **abrir su corazón** de par en par ante mí y me manifestó que Él era el Hijo de Dios que había venido para salvar al mundo. Me dijo: *"Pues tanto amó Dios al mundo, que entregó a su Hijo Unigénito, para que todo el que cree en él no perezca, sino que tenga vida eterna. Porque Dios no envió a su Hijo al mundo para juzgar al mundo, sino para que el mundo sea salvado por él"* (Juan 3, 16-17).

Y, aún más, Jesús me adelantó una verdadera primicia: cómo sería su **entrega de amor** para salvar a los hombres. Para ello, Jesús usó una comparación que entonces no entendí y entendería más tarde: *"Del mismo que **Moisés** levantó la serpiente en el desierto, así tiene que ser elevado (en la Cruz) el Hijo del hombre, para que todo el que cree en él tenga vida eterna"* (Juan 3, 14-15).

Muchas veces dijo Jesús hablando de sí mismo: *"Yo soy la **Luz**"*. Y a Nicodemo le dijo: *"Todo el que obra el mal detesta la luz, y no se acerca a la luz para no verse acusado por sus obras. En cambio, el que obra la verdad se acerca a la luz, para que se vea que sus obras están hechas según Dios"* (Juan 3, 20-21).

REFLEXIONA

¿Podrías explicar la comparación que usa Jesús citando a Moisés?

¿Por qué Jesús dice: *"Yo soy la Luz del mundo... El que obra la verdad se acerca a la luz.... El que obra el mal detesta la luz, y no se acerca a la luz?"*

EL SACRAMENTO DEL BAUTISMO

Me gustaría contarte una **historia** sucedida hace unos siglos: una profesora estaba encargada de la educación de un niño llamado, con el tiempo, a suceder a su padre como rey de Francia. Un día el chico se portó mal. La profesora le corrigió. El chico se puso gallito y le dijo con chulería: "¿No sabes que soy **hijo del rey de Francia**?". Ella no se inmutó y le contestó: "Y tú, ¿no sabes que soy **hija de Dios**?". Se sentía santamente orgullosa de ser más que si fuera hija del rey de Francia, porque era hija de Dios por el Bautismo. ¡Ojalá aprendas tú esta lección y no la olvides nunca!

Como se trata de un nuevo nacimiento, no se puede repetir. Ocurre como con el que tenemos de papá y mamá: se nace una vez y para siempre. Con el Bautismo sucede lo mismo: **se recibe una vez y para siempre.**

EL BAUTISMO HACE QUE MURAMOS AL PECADO Y RESUCITEMOS CON CRISTO A UNA NUEVA VIDA

APRENDEMOS

"Confieso que hay un solo bautismo para el perdón de los pecados"

APRENDEMOS LOS NÚMEROS 52 AL 55 DEL CATECISMO "JESÚS ES EL SEÑOR". **REPASA** LOS SACRAMENTOS DE LA IGLESIA.

¡Celebramos!

Hoy vamos a terminar con dos ritos que hace el sacerdote después de derramar agua sobre la cabeza del que se bautiza y de decir **"Yo te bautizo en el nombre del Padre + y del Hijo + y del Espíritu Santo".**

Son estos:

1. ENTREGA DEL VESTIDO BLANCO

El vestido blanco es símbolo de cómo queda el alma después del bautismo: limpia y blanca como la nieve. Puede ser una túnica o una vestidura blanca.

Dice el sacerdote: *"N y N ya sois nueva criatura y habéis sido revestidos de Cristo; recibid, pues, la vestidura blanca (se la colocan los padrinos) que habéis de llevar sin mancha ante el tribunal de nuestro Señor Jesucristo, para alcanzar la vida eterna."*

Los que se han bautizado responden: *"Amén".*

2. ENTREGA DEL CIRIO ENCENDIDO

El cirio se enciende en la luz del Cirio Pascual, que es símbolo de Jesucristo Resucitado. El que se bautiza debe llevar esa luz, que es la luz de la verdad y del amor, siempre y a todas partes.

El sacerdote toma en sus manos o toca el Cirio Pascual. Dice a los padrinos: *"Acercaos, padrinos para que entreguéis la luz a los recién bautizados."*

Se acercan, encienden los cirios de los neófitos en el Cirio Pascual y se los entregan.

Dice el sacerdote: *"Habéis sido trasformados en la luz de Cristo. Caminad siempre como hijos de la luz, a fin de que, perseverando en la fe, podáis salir con todos los santos al encuentro del Señor."*

Los bautizados dicen: *"Amén".*

Estas actividades son para hacer conjuntamente los padres
(o uno de ellos) con el hijo o la hija. No es difícil encontrar
unos minutos para ayudarles en su formación cristiana.

Catequesis familiar

link

▶ "Jesús enseña acerca
de nacer de nuevo"

Vemos este vídeo y lo comentamos.
¿Cuál es su principal mensaje?
Si quieres, puedes anotar alguna
pregunta para preguntar al catequista.

Subraya las respuestas correctas

Nicodemo era:
Un chaval
Unos cuarenta
Muy mayor

La "vida nueva" comienza:
Al nacer
Al morir
Con el Bautismo

Moisés en el desierto levanto:
Una piedra
Una serpiente de bronce
Un puñado de arena

Jesús dijo a Nicodemo:
Yo soy la Luz del mundo
El que obra la verdad
se acerca a la Luz
El que obra el mal detesta la Luz

Sopa de letras

Busca y encuentra las palabras:

Nicodemo era un miembro del...

*Jesús le habló de la necesidad
del...*

*Nicodemo fue a hablar con Jesús
cuando era de...*

Jesús le dijo: "hay que nacer de..."

*Con el Bautismo nacemos a una
nueva...*

Y morimos al...

*Así será elevado el Hijo del
hombre en la...*

B	V	I	D	A	V	S
A	N	J	B	W	E	A
U	P	E	H	C	O	N
T	E	F	I	R	S	E
I	C	E	J	U	A	D
S	A	D	O	Z	Z	R
M	D	W	E	U	I	I
O	O	O	V	E	U	N

FELIPE, el diácono

link

"El martirio de Esteban"

OBJETIVO: Admirar en Felipe su afán de evangelizar y de bautizar; mientras la Confirmación es cosa de los Apóstoles.

CATECISMO "Jesus es el Señor", temas 24, 28 y 29.

Yo soy Felipe, "el diácono". Me llamo como el apóstol Felipe, pero somos dos personas distintas. En los primeros años de la Iglesia, los Doce (entre ellos el apóstol Felipe) estaban tan ocupados anunciando a Jesucristo Resucitado y bautizando a los miles de judíos que se convertían que no podían hacer otra cosa.

Un día, nos convocaron a todos los que ya éramos discípulos de Jesús y nos dijeron: "Necesitamos que algunos de vosotros nos ayudéis en el servicio de las mesas y en la atención de las viudas y de los pobres. Por tanto, escoged a siete de vosotros, hombres de buena fama, llenos de espíritu y de sabiduría, y los encargaremos de esta tarea".

La propuesta pareció bien y fuimos elegidos siete varones: **Esteban, Felipe,** Prócoro, Nicanor, Timón, Parmenas y Nicolás. Entonces los apóstoles oraron sobre nosotros y nos impusieron las manos. La palabra de Dios iba creciendo y en Jerusalén se multiplicaba el número de discípulos; incluso muchos sacerdotes aceptaban la fe.

el personaje

¿Era este Felipe uno de los doce Apóstoles? ¿Cómo lo sabemos?

¿Qué encargo confiaron los Apóstoles a estos "siete varones"?

MARTIRIO DE ESTEBAN Y PERSECUCIÓN CONTRA LA IGLESIA

Fui testigo de las disputas que Esteban tuvo con los judíos. Estos no podían resistir la sabiduría y al Espíritu que hablaba por la boca de Esteban. Llenos de furia le llevaron a juicio ante el sumo sacerdote.

Esteban, en lugar de defenderse, **proclamó a Jesucristo como el Mesías anunciado por los profetas de Israel** y dijo al final de su discurso: "Mirad, veo los cielos abiertos y al Hijo del Hombre de pie a la derecha de Dios". Entonces los judíos, se lanzaron a una contra él. Lo sacaron fuera de la ciudad y le lapidaron. Pude escuchar las últimas palabras de Esteban: *Señor, recibe mi espíritu. No les tengas en cuenta este pecado (Hechos 7, 54-60).*

Aquel día, *se desató una violenta persecución contra la Iglesia de Jerusalén;* todos, menos los apóstoles, nos dispersamos por Judea y Samaría. Y **Saulo**, que había aprobado el asesinato de Esteban, se ensañaba con la Iglesia, penetrando en las casas y arrastrando a la cárcel a hombres y mujeres. Los que nos habíamos dispersado, íbamos de un lugar a otro anunciando la palabra del Evangelio *(Hechos 8, 1-4).*

Palabra
-de-
Dios

ACTIVIDADES

💬 Reflexionamos y dialogamos:

Lee de nuevo la frase final de Esteban. ¿No te recuerda a Jesús en la Cruz?
¿No te parecen admirables estos primeros cristianos?
¿Qué virtudes podemos aprender de ellos?

MÁRTIR: EL CRISTIANO QUE DA SU VIDA POR AMOR
A JESUCRISTO PERDONANDO A SUS VERDUGOS.
¿QUÉ DIFERENCIA HAY ENTRE UN MÁRTIR Y UN TERRORISTA SUICIDA?

FELIPE, EN SAMARÍA. BAUTIZO DEL ETÍOPE

En **Samaría** prediqué quién era Jesús y cómo había entregado su vida por nosotros. Muchos samaritanos se hacían discípulos de Jesús y recibían el Bautismo (*Hechos* 8, 5-8).

Un día me habló un ángel del Señor y me dijo que fuera al camino de Jerusalén a Gaza. Cuando llegué a ese camino, vi venir a un etíope que era ministro de la reina de Etiopía. Había ido a Jerusalén para adorar e iba ya de vuelta en su carroza, leyendo al profeta Isaías. Me acerqué y le pregunté: "¿Entiendes lo que estás leyendo?". Contestó el etíope: "¿Y cómo voy a entenderlo si nadie me guía?". Y me invitó a subir y a sentarme con él. El pasaje de la Escritura que estaba leyendo era este: *Como cordero fue llevado al matadero, como oveja muda ante el esquilador (...); su vida ha sido arrancada de la tierra.*

El etíope me preguntó: "Por favor, ¿de quién dice esto el profeta?, ¿de él mismo o de otro?" Yo entonces, tomando pie en este pasaje, le anuncié la Buena Nueva de Jesús. Al poco, llegamos a un sitio donde había agua, y dijo el etíope: "Mira, aquí hay agua. ¿Qué dificultad hay en que me bautice?" Mandó parar la carroza, bajamos los dos al agua y le bauticé. El etíope siguió su camino lleno de alegría.

ACTIVIDADES

 Reflexionamos y dialogamos:

¿Un etíope que peregrina al Jerusalén?

¿Conoces el pasaje que iba leyendo el etíope y que Felipe se lo explicó?

¿Cómo pudo tomar tan rápidamente la decisión de bautizarse?

LOS SIGNOS DEL BAUTISMO Y DE LA CONFIRMACIÓN

El sacramento de la Confirmación aparece en el libro de los Hechos de los Apóstoles como distinto del Bautismo y posterior a él:

"Cuando los apóstoles (...) se enteraron de que los de Samaría habían recibido la palabra de Dios (por Felipe), enviaron a Pedro y a Juan; los cuales bajaron hasta allí y oraron por ellos para que recibieran el Espíritu Santo, pues solo estaban bautizados en el nombre del Señor Jesús. Entonces les imponían las manos y recibían el Espíritu Santo" (Hechos 8, 14-17).

Veamos la diferencia del Signo en cada uno de estos sacramentos:

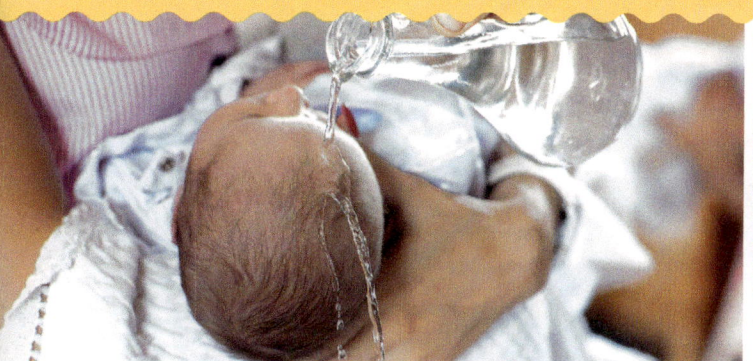

El SIGNO del Bautismo

es la acción de ser sumergido en el AGUA como signo de purificación espiritual y de la nueva vida. Las palabras del ministro son: *"N. Yo te bautizo en el nombre del Padre y del Hijo y del Espíritu Santo".*

El SIGNO de la Confirmación

es la unción con el Santo Crisma en la frente con la imposición de las manos del ministro, que dice estas palabras *"N. Recibe por esta señal el don del Espíritu Santo".*

PARA MI VIDA CRISTIANA

Por el sacramento del Bautismo

somos purificados del pecado original, nacemos a la vida de hijos de Dios y somos hechos miembros Cristo y de la Iglesia. El Bautismo es la "puerta de entrada en la Iglesia".

Por el sacramento de la Confirmación

se fortalece en nosotros la gracia del Bautismo y recibimos con más intensidad el Espíritu Santo para ser testigos de Cristo en el mundo. La Confirmación nos hace "apóstoles y testigos de Cristo".

APRENDEMOS LOS NN. 52 A 56 DEL CATECISMO "JESÚS ES EL SEÑOR".

CELEBRACIÓN DE LA CONFIRMACIÓN

Como en el encuentro anterior vimos los ritos para la celebración del Sacramento del Bautismo, vamos ahora a ver en qué consiste la celebración de la Confirmación.

El catequista da las instrucciones para hacer una "escenificación" de la ceremonia de la Confirmación:

Catequista: Yo haré de obispo, y se necesita un voluntario de confirmado y otro de padrino. El resto hará de comunidad cristiana. Acercamos una mesita con un platillo con un poco de aceite y un pañito o un poco de algodón.

Comenzamos la ceremonia:

El padrino pone la mano sobre el hombro del que se va a confirmar y dice su nombre en voz alta (*supongamos que dice Juan*). El catequista (que representa al obispo) moja el dedo pulgar en el aceite y pone la mano sobre la cabeza y el dedo untado sobre la frente, y dice:

Juan, recibe por esta señal el don del Espíritu Santo.
El que se confirma responde: *Amén.*

Y se continúa haciendo los mismos gestos con los demás confirmandos, si los hay.
Al terminar el rito continúa la celebración de la Eucaristía.

¿QUÉ ES Y QUÉ SIGNIFICA EL ACEITE?

Es aceite puro de oliva mezclado con otros aceites naturales aromáticos. Se llama **Santo Crisma**. Lo consagra el obispo en una Misa en vísperas del Jueves Santo. El gesto de untar la cabeza se llama **unción**, y al confirmado se le llama **ungido** porque esa unción simboliza que el Espíritu Santo le hace más de Cristo, que es el gran **Ungido**. El crisma simboliza el buen olor de Cristo que ha de dar con sus obras el que se confirma.

Estas actividades son para hacer conjuntamente los padres (o uno de ellos) con el hijo o la hija. No es difícil encontrar unos minutos para ayudarles en su formación cristiana.

Catequesis familiar

link

▶ "El martirio de Esteban"

Vemos este vídeo y lo comentamos.
¿Cuál es su principal mensaje?
Si quieres, puedes anotar alguna pregunta para preguntar al catequista.

Sopa de letras

Busca y encuentra las palabras:

Felipe era llamado el...
Fue testigo del martirio de...
Esteban murió perdonando a sus...
Fue testigo de ese crimen...
Felipe bautizó a un...
Que viajaba leyendo al profeta...
Llegaron a un sitio que había...
Y allí bajó Felipe con el etíope y le...

D	A	B	B	V	E	V
I	S	A	I	A	S	E
A	E	U	I	G	T	R
C	T	T	O	U	E	D
O	I	I	K	A	B	U
N	O	Z	H	J	A	G
O	P	O	S	D	N	O
F	E	O	L	U	A	S

Relaciona con flechas

¿Sabes distinguir bien estos dos sacramentos?

BAUTISMO

● Se hace con agua
● La imparte un Obispo
● Limpia el pecado original
● Nos hace testigos de Cristo
● Fortalece la gracias recibida en el Bautismo
● Santo Crisma en la frente
● Somos hechos hijos de Dios
● Nacemos a una vida nueva

CONFIRMACIÓN

PABLO de Tarso

link

▶ "El camino a Damasco"

OBJETIVO: Descubrir que la gracia de Dios puede convertir a un perseguidor en un forofo de Jesús.

CATECISMO "Jesus es el Señor", tema 24.

Yo soy Pablo, conocido como "el apóstol de los gentiles". Nací en Tarso, y era fariseo y **ciudadano romano**. Mi lengua natural era el hebreo, pero también hablaba griego, pues era la lengua que se hablaba en mi ciudad.

A los quince años fui a Jerusalén a **estudiar** la Sagrada Escritura con el rabino más sabio de entonces llamado Gamaliel. Aprendí también un oficio manual: tejedor de lonas para hacer tiendas de campaña, lo que me sirvió para ganarme la vida y no ser una carga para nadie.

En Jerusalén conocí a los primeros cristianos. Me puse **furioso** contra ellos, porque predicaban que Jesús de Nazaret, había resucitado y era el **Mesías** enviado por Dios para perdonar nuestros pecados. Les buscaba en sus casas y les **encarcelaba**. Incluso pedí permiso para ir a la ciudad de **Damasco**, que estaba a varios días de camino a **caballo** para hacer lo mismo.

el personaje

Completa el siguiente texto:

Me llamo Pablo y nací en T_____. Hablo dos lenguas, que son el H_____

y el G_____. En Jerusalén estudié la S_____ E_____ con el rabino

G_____. Allí conocí a los primeros C_____.

Les P_____ y les E_____.

"SAULO, SAULO, ¿POR QUÉ ME PERSIGUES?"

Mientras iba a Damasco tuve una experiencia que **cambió mi vida**: una especie de **rayo** me tiró del caballo y en medio de aquella gran **luz** cegadora oí una voz que me dijo: "**Saulo, Saulo, ¿por qué me persigues?**" (*Hechos* 9, 4). Yo le pregunté quién era. La voz me dijo: "**Yo soy Jesús**, a quien tú persigues". Jesús me hizo comprender que cuando perseguía a los cristianos, que eran sus discípulos, le perseguía a Él.

A causa de aquella luz me quedé **ciego**, y mis compañeros me llevaron a casa de un tal Ananías, quien me explicó todo acerca de Jesús y me devolvió la vista. Después me **bauticé** y me convertí en un forofo de Jesús. Comencé a **viajar** de una parte a otra para darle a

conocer. Todo me parecía *basura*, comparado con ser discípulo de Jesús. Primero fui a Chipre y luego a diversas regiones de Asia Menor, después a Europa (Macedonia y Grecia). Incluso viajé hasta **España**, que entonces era considerada como el fin de la tierra (*Finisterre* significa precisamente eso).

ACTIVIDADES

Ordena cronológicamente las siguientes frases:

Saulo fue bautizado

Ananías explicó la fe a Saulo

Saulo iba de camino a Damasco

Saulo se quedó ciego

Una luz derribó a Saulo del caballo

"¡AY DE MÍ SI NO EVANGELIZARE!"

Aunque yo no formé parte de los doce após-toles, Jesús me nombró **apóstol** como a ellos. Escribí más **cartas** que todos ellos juntos y recorrí más **regiones** que nadie. Algunas de mis cartas son muy famosas, como las que escribí a los fieles de Roma, Corinto y Éfeso.

Sufrí mucho, pues en varias ocasiones intentaron matarme, me metieron en la **cárcel**, fui apaleado varias veces y en todas partes me **perseguían**. Muchos judíos pensaban que daban gloria a Dios acabando conmigo. Pero yo seguía dando a conocer a Jesús. Lo hacía no porque yo fuera más valiente que nadie, sino porque **Él siempre estaba conmigo**, ayudándome a resistirlo todo con tal de anunciarle. Una vez escribí en una de mis epístolas: "*¡Ay de mí si no evangelizare!*". Fue como un grito que me salió del alma.

Al final fui apresado y trasladado a una **cárcel** de Roma, donde sufrí martirio en tiempos del emperador Nerón. Mis restos se encuentran en una Basílica de Roma que se llama "San Pablo Extramuros". Es la más importante después de la Basílica del Vaticano y san Juan de Letrán.

ESCRIBE UNA CARTA COMO SAN PABLO

San Pablo escribió muchas cartas a los cristianos de diversas ciudades. Ahora te toca a ti: **Escribe unas líneas** a tus compañeros exponiendo las tres cualidades que más admiras en Pablo de Tarso y que, en tu opinión, son necesarias para un joven cristiano de hoy:

Palabra de Dios

el signo

ALGUNOS DATOS

- San Pablo **nació en Tarso** (Asia Menor), hacia el año **6-7 d. C.**
- De familia **judía.**
- Cambió su nombre (Pablo) por **Saulo** (*llamado*).
- Recorrió más de **treinta mil kilómetros** anunciando el Evangelio.
- Escribió **13 grandes cartas.**
- **Murió mártir** en el año **67 d. C.**

LA GRACIA DE DIOS CAMBIA NUESTROS CORAZONES

- San Pablo experimentó una **gran conversión**, pasó de ser perseguidor de la Iglesia a ser el **mayor difusor del Evangelio.**
- La gracia de Dios puede cambiar el **corazón** de una persona, pero hay que buscar la **Verdad** y el Bien por encima de todo.
- Aunque nos parezca que ya somos amigos de Jesús, todos necesitamos **convertirnos** cada día para seguirle más de cerca y difundir el Evangelio en nuestro ambiente.
- Convertirnos es aceptar a Cristo en nuestro corazón y **luchar** con su ayuda para cumplir en todo su voluntad, como pedimos en la oración del Padrenuestro.

APRENDEMOS

Los cristianos celebramos la fiesta de san Pablo el mismo día que la de San Pedro: el 29 de junio.

APRENDEMOS LOS NÚMEROS 1, 2, 3, 39, 40 Y 44 DEL CATECISMO "JESÚS ES EL SEÑOR".

¡Celebramos!

Nos reunimos para celebrar al Apóstol Pablo en torno a:

- Una **luz encendida**, símbolo de la fe que profesó y difundió el Apóstol Pablo.

- Una **Biblia abierta**, que simboliza la palabra de Dios que Pablo nos ha transmitido.

Guardamos unos instantes de silencio para ponernos en la presencia de Dios. Después recitamos la siguiente oración:

Señor, te damos gracias por el Apóstol Pablo, evangelizador incansable y profundamente enamorado de Jesucristo y de su Evangelio, por quien entregó su vida y derramó su sangre.

Seguimos nuestro encuentro haciendo algunas **peticiones** a Jesús:

CATEQUISTA: Señor Jesús: que los cristianos perseguidos sean valientes para confesar su fe.

NIÑOS: *Te lo pedimos, Jesús*

CATEQUISTA: Señor Jesús: que todos nosotros te demos a conocer a nuestros amigos y familiares.

NIÑOS: *Te lo pedimos, Jesús*

CATEQUISTA: Señor Jesús: que confiemos que la gracia de Dios sigue actuando hoy como lo hizo con san Pablo.

NIÑOS: *Te lo pedimos, Jesús*

REZAMOS UN AVEMARÍA A LA VIRGEN por los misioneros que anuncian a Jesucristo en todo el mundo y también en nuestras ciudades.

Estas actividades son para hacer conjuntamente los padres (o uno de ellos) con el hijo o la hija. No es difícil encontrar unos minutos para ayudarles en su formación cristiana.

Catequesis familiar

link

▶ "El camino a Damasco"

Vemos este vídeo y luego explica a tus papás por qué, cuando era joven, Saulo perseguía con furia a los cristianos (podéis consultar la página 58).

Explica este dibujo

Observa con tus padres este dibujo y explícales con detalle lo que representa:

¿Quiénes son?

¿Adónde se dirigían?

¿Quién es que está caído en el suelo?

¿A quién vio cuando caía del caballo?

¿Qué pasó después?

Sopa de letras

Busca y encuentra las palabras:

Saulo nació en la ciudad de...

De joven persiguió a los...

Para encarcelarles iba a la ciudad de...

De camino, una luz cegadora le derribó del...

Y esa luz como de un rayo le dejó...

En Damasco fue recibido por...

Al hacerse cristiano cambió su nombre a...

En uno de sus viajes llegó a...

J	E	S	U	S	A	C
S	A	I	N	A	N	A
V	J	F	H	Y	I	B
O	L	B	A	P	N	A
T	A	R	S	O	B	L
S	E	C	X	P	V	L
D	A	M	A	S	C	O
E	S	P	A	Ñ	A	P

LA IGLESIA de Jesús

"El Buen Pastor"

OBJETIVO: Descubrir que la Iglesia es inseparable de Cristo como los miembros de un cuerpo vivo de su cabeza.
CATECISMO "Jesus es el Señor", temas 24 y 25.

Yo soy la Iglesia de Jesús. No pienses en la Catedral de Burgos o en la Sagrada Familia de Barcelona. La dos son una caja preciosa dentro de las cuales hay un TESORO. **Ese tesoro SOY YO: JESÚS.**

En esta foto me ves rodeado de **ovejas.** Es una representación de la Iglesia. El Concilio Vaticano II enseña que **"la Iglesia es el redil cuya puerta única y necesaria es Cristo". Es también el rebaño cuyo Pastor es el Señor.**

Me han llamado de muchas maneras pero a mí me gusta mucho que digan que soy "el Cuerpo de Cristo" y la "Esposa de Cristo". Pues así se entiende muy bien que no puede haber muchas Iglesias sino **una sola**, porque nadie tiene dos cuerpos ni un hombre casado tiene varias mujeres.

Ese Cuerpo tiene una **cabeza** que soy YO y muchos miembros que son todos los que han recibido el **Bautismo**. Tú eres (o serás) uno de ellos. Pero no pienses sólo en los bautizados que viven ahora en la tierra. Son Cuerpo de Cristo todos los que han vivido y los que vivirán hasta el fin del mundo, tanto si están en el Cielo como si se purifican en el Purgatorio. **¡Qué maravilla!**, ¿verdad?

el personaje

La Iglesia es como un cuerpo con cabeza y miembros. En ese cuerpo, ¿quién es la cabeza? ¿Y quiénes son los miembros? ¿Desde cuándo se es miembro de la Iglesia?

SOMOS MIEMBROS DEL CUERPO DE CRISTO QUE ES LA IGLESIA

Un cuerpo se compone de diversos miembros. También en mí hay **diferentes miembros**: hay **pastores** del rebaño (el Papa, los obispos, los sacerdotes); **fieles** corrientes, **hombres** y **mujeres**, **casados** y **solteros**; padres e hijos; personas que realizan diferentes funciones...

Sin cabeza no hay cuerpo y sin miembros, tampoco. Pero no tienen la misma importancia la cabeza y los miembros. Por ejemplo, si te cortan un brazo o una pierna te quedas manco o cojo, pero sigues viviendo. En cambio, si te cortan la cabeza te mueres.

Ahora entenderás cuán importante es que estés bien unido a la **cabeza** como un miembro vivo del cuerpo de Cristo. Otra cosa importante es que en mi Cuerpo no sobra nadie pues todos los miembros son **necesarios**, como sucede en tu cuerpo. Pero sin mezclarse: la mano debe ser mano, no pie, el ojo debe ser ojo, no oído, etc. Por eso, en mi cuerpo cada miembro ha de hacer lo que le corresponde hacer a él y solo a él. (1 *Corintios* 12, 12.14-17).

Palabra de Dios

REFLEXIONA

Tú, ¿qué función tienes en la Iglesia?

¿Cuáles son tus principales deberes como cristiano?

¿Cómo te parece que tú puedes ser más útil a la Iglesia de Jesucristo?

¿Piensas que un/a chico/a de tu edad puede aspirar a ser santo/a?

LA IGLESIA COMO PUEBLO DE DIOS

Además de ser el Cuerpo de Jesucristo, también se me llama el **Pueblo de Dios**, que camina hacia el **Padre** siguiendo a **Jesucristo** con la ayuda del **Espíritu Santo**. Están llamados a formar parte de este Pueblo todos los hombres y mujeres de todas las razas, lenguas y culturas, porque por todos **murió el Señor** y a todos va destinado su mensaje de **salvación**.

Fui preparada en el **Antiguo Testamento** con la elección de Israel como pueblo de Dios y, más tarde, fui fundada por las palabras y acciones de Jesús, sobre todo mediante su muerte redentora y su resurrección. Más tarde me manifesté públicamente mediante la efusión del Espíritu Santo en **Pentecostés**.

Mi misión aquí en la Tierra es anunciar e instaurar el Reino de Dios inaugurado por Jesucristo entre todos los **pueblos**. Estoy llamada a alcanzar mi plenitud cuando en el **Cielo** sea la Asamblea celestial de todos los redimidos y salvados (Cf. *Compendio*, nn. 149 y 150).

REFLEXIONA

¿Cómo se comienza a formar parte del Pueblo de Dios que es la Iglesia?

¿Qué acciones realizó Jesús para establecer este Pueblo de Dios en la tierra?

¿Cuál es la misión de la Iglesia en el mundo?

¿Cómo puedo yo colaborar activamente en la misión de la Iglesia?

LA VID Y LOS SARMIENTOS

Jesús nos dijo un día:

"Yo soy la verdadera vid y mi Padre es el labrador. A todo sarmiento que no da fruto en mí lo arranca, y a todo el que da fruto lo poda para que dé más fruto (...)

Como el sarmiento no puede dar fruto por sí, si no permanece en la vid, así tampoco vosotros, si no permanecéis en mí. Yo soy la vid, vosotros los sarmientos; el que permanece en mí y yo en él, ese da fruto abundante; porque sin mí no podéis hacer nada. Al que no permanece en mí lo tiran fuera, como el sarmiento, y se seca" (*Juan 15,1-6*).

APRENDEMOS

La Iglesia brotó del costado de Cristo muerto en la Cruz. De su costado abierto por la lanza brotó agua y sangre (el Bautismo y la Eucaristía). Jesús vive en cada cristiano por su Palabra, sus Sacramentos, sobre todo el de la Eucaristía, por el amor de los unos a los otros.

DIALOGAMOS

¿Quién es la vid y quiénes los sarmientos?
¿De quién llega la Vida y los frutos a los sarmientos?
¿Cómo podemos estar nosotros en la Iglesia bien unidos a la Vid?

APRENDEMOS LOS NÚMEROS 39 Y 41 AL 44 DEL CATECISMO "JESÚS ES EL SEÑOR".

Hoy vamos a terminar escuchando atentamente unas palabra de **san Agustín**, que es un gran santo y un gran sabio. Y, además, es Padre de la Iglesia. Él nos confirma en todo lo que hemos visto en este encuentro.

Al finalizar la lectura diremos todos juntos:
"Gracias, Jesús, por ser miembro de tu Cuerpo, que es la Iglesia".

CATEQUISTA:

*"Cristo **entero** está formado **por la cabeza y el cuerpo. La cabeza** es nuestro mismo Salvador, que padeció bajo Poncio Pilato y ahora, después que resucitó de entre los muertos, está sentado a la diestra del Padre. Y **su cuerpo** es la Iglesia. No esta o aquella iglesia, sino **la que se halla extendida por todo el mundo**. Ni es tampoco solamente la que existe entre los hombres actuales, ya que **también** pertenecen a ella los que vivieron antes de nosotros y los que han de existir después, hasta el fin del mundo. Pues toda la Iglesia, **formada por la reunión de los fieles** posee a Cristo por Cabeza, que gobierna su cuerpo desde el Cielo. Y, aunque esta Cabeza se halle fuera de la vista del cuerpo, sin embargo, está unida por el amor".*
(S. Agustín, *Sobre los Salmos,* 56,1).

NIÑOS:

"Gracias, Jesús, por ser miembros de tu Cuerpo, que es la Iglesia".

Terminamos rezando juntos un Padrenuestro.

Estas actividades son para hacer conjuntamente los padres (o uno de ellos) con el hijo o la hija. No es difícil encontrar unos minutos para ayudarles en su formación cristiana.

▶ "El Buen Pastor"

Vemos este vídeo en familia y luego:
- Comentamos lo que hemos visto y oído.
- Podemos leer juntos la página 66.
- Comentamos el significado del dibujo y qué relación tiene esa imagen con la Iglesia.

Explica este dibujo

Observa con tus padres este dibujo y explícales con detalle lo que representa cada una de esas personas en la Iglesia:

¿Quiénes son?

¿Qué misión tiene la religiosa?

¿Y el hombre y la mujer?

¿Y la niña y el niño?

¿Y el sacerdote?

Sopa de letras

Busca y encuentra las palabras:

La Iglesia es como un...

Jesús en ese cuerpo es la...

El cuerpo no puede vivir sin la...

Se entra en la Iglesia por medio del...

Todos los bautizados formamos la...

El fin de la Iglesia es que lleguemos al...

Jesús dijo: "Yo soy la verdadera..."

Los sarmientos solo tienen vida unidos a la...

```
C U E R P O B
I C A B E Z A
G A W G H F U
L B C V I D T
E E S D I V I
S Z F E R T S
I A V S B Y M
A X C I E L O
```

TIMOTEO

link

▶ "Timoteo"

OBJETIVO: El obispo es un representante de Jesús, el Buen Pastor, y un sucesor de los Apóstoles.

CATECISMO "Jesus es el Señor", temas 25 y 27.

SAN PABLO

Yo soy Timoteo, discípulo predilecto de **San Pablo**. No pertenecí al grupo de los doce Apóstoles, pero conocí la verdadera fe y **me convertí** al cristianismo gracias a mi **madre**, Eunice, que se había convertido antes que yo.

Cierto día, en uno de sus viajes, el apóstol Pablo llegó a mi ciudad, Listra, que está en Asia Menor. Algunos cristianos le hablaron bien de mí y me propuso **acompañarle** en el siguiente viaje. Yo acepté muy gustoso y con él recorrí buena parte de Asia Menor. Llegamos a Europa y un día me envió a Tesalónica para que le trajera noticias de aquella comunidad cristiana que él había fundado.

En otro viaje fuimos a **Éfeso** y desde allí me envió a **Corinto**, para que llevara a esos cristianos una carta muy larga que les había escrito. Estoy **orgulloso** de haber estado siempre dispuesto a cumplir lo que él me mandaba.

el personaje

¿Verdadero o falso?

	VERDADERO	FALSO
Timoteo fue uno de los doce apóstoles	⬜	⬜
Timoteo viajó mucho para dar a conocer el Evangelio	⬜	⬜
Timoteo fue discípulo de Pedro	⬜	⬜
Timoteo fue discípulo de Pablo	⬜	⬜

TIMOTEO ES CONSAGRADO OBISPO

Más tarde, san Pablo me mostró su confianza nombrándome **obispo de Éfeso**, aunque era muy joven. Para ello reunió a la comunidad cristiana y nos pusimos a rezar todos juntos. Luego *me impuso las manos sobre la cabeza e invocó al Espíritu Santo* la gracia del episcopado para mí. Después me escribió **dos cartas** en las que me daba consejos sobre cómo debía tratar a los cristianos que me había encomendado: *"Te escribo para que sepas cómo debes conducírsete en la casa de Dios, que es la iglesia del Dios vivo, columna y sostén de la verdad".* El resumen es que fuera como un **buen padre** y siguiera el ejemplo de **Jesús**, el Buen Pastor.

Desde entonces me dediqué a anunciar a Jesús a los que aún no eran cristianos y a dar catequesis, celebrar la eucaristía y otros sacramentos a los que ya lo eran. Yo era uno más sin ser uno más. Mi vida era **sencilla** y completamente **al servicio de todos**, especialmente de los más **necesitados**, cuidando de aquel pequeño rebaño como lo haría Jesús, sin cansarme de enseñar la fe y el modo de vivir como cristianos.

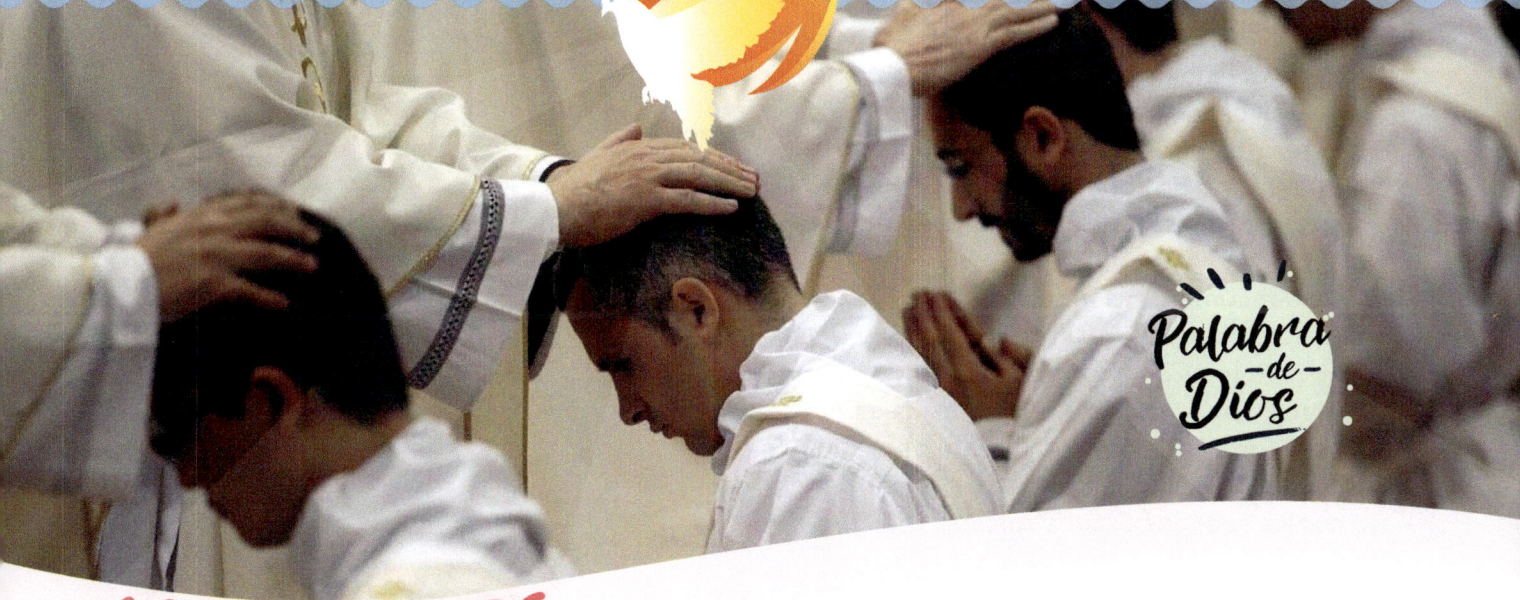

Palabra
-de-
Dios

ACTIVIDADES

Explica la diferencia entre un sacerdote, un obispo y el Papa. Todos cuidan el rebaño de Cristo, pero llevan a cabo funciones diferentes. Investiga y explícaselo a tus compañeros. Luego lo puedes resumir aquí:

El Papa:

El obispo:

Los sacerdotes:

LAS CUALIDADES DEL OBISPO

También me insistió mucho en que estuviera muy atento para **defender al rebaño de los lobos** que podían acercarse con intención de enseñar cosas distintas a las de Jesús y crear **divisiones**.

Asimismo, me dio **consejos muy sabios** para desempeñar mi tarea episcopal; me escribió en una sus cartas: "conviene que el **obispo** sea irreprochable, sobrio, sensato, ordenado, hospitalario, hábil para enseñar, no dado al vino ni amigo de reyertas, sino comprensivo; que no sea agresivo ni amigo del dinero; que gobierne bien su propia casa...; pues si uno no sabe gobernar su propia casa, ¿cómo cuidará de la **Iglesia** de Dios?"

Otra recomendación que me hizo fue que tuviera siempre presente que *todo lo que hace la Iglesia es continuar la* **salvación obrada por Jesús**. Y que la Iglesia es una **gran familia**, "la familia de Dios", no sólo por su doctrina sino por el modo de vivir, sean cuales sean las circunstancias.

REFLEXIONA

¿A quiénes se refiere san Pablo en su carta a Timoteo cuando habla de "los lobos"?

De las cualidades episcopales que Pablo recomienda a Timoteo, ¿cuál destacarías?

el signo

El gesto principal de la ordenación de un obispo es la **imposición de las manos** por parte del obispo consagrante y por todos los obispos concelebrantes; con ese gesto y una plegaria especial queda hecho obispo. También recibe en esa ceremonia el **báculo**, símbolo del Buen Pastor, Jesús.

- Jesús se llamó **Buen Pastor**: *"Yo soy el Buen Pastor... que doy mi vida por las ovejas"* (*Juan* 10, 11).

- Luego entregó a Pedro el cuidado de su **Iglesia** y le dijo: "Apacienta (pastorea) mis ovejas", o sea, "sé el pastor de mis ovejas".

- El **Papa es el sucesor de san Pedro** y él y los obispos suceden al Colegio de los Apóstoles. Son, pues, pastores de la Iglesia por voluntad de Jesús.

- Cuando el obispo entra en una **diócesis**, le entregan el **báculo**.

- El báculo les está recordando al Papa y a los Obispos que tienen que ser **pastores** al estilo de Jesús: conocer, querer, defender, curar a las ovejas dando la vida por ellas como hizo Jesús.

BÁCULO

MITRA

ANILLO

APRENDEMOS

El obispo, **unido a los demás obispos y al Papa,** es un sucesor de los apóstoles.

El Orden sacerdotal es uno de los siete sacramentos.

APRENDEMOS LOS NÚMEROS 41, 42, 44, 66, 67 Y 69 DEL CATECISMO "JESÚS ES EL SEÑOR".

¡Celebramos!

Leemos *Marcos* 3,13-15. Comentamos brevemente que Jesús es quien elige a sus pastores. Como ya hemos visto, los obispos son los sucesores de los Apóstoles y cada uno está al frente de una diócesis. Se llama diócesis al territorio que ha de pastorear cada obispo.

Si se puede, mostramos a los niños una mitra y un báculo y explicamos su significado.

El obispo puede ser considerado con el "gran sacerdote de su grey" (rebaño). Su iglesia es la **catedral** de esa diócesis y en ella tiene su **cátedra o sede** que representa el lugar desde el que imparte su magisterio.

REZAMOS JUNTOS DESPACIO

"Te damos gracias, Jesús,
porque has querido darnos obispos y sacerdotes
que nos enseñen tu vida y tu palabra,
nos hagan cristianos con el Bautismo,
nos alimenten con tu Cuerpo en la Eucaristía
y perdonen nuestros pecados
en el sacramento de la Penitencia.
Ayúdales para que sean santos
y nos traten como buenos padres. Amén".

Estas actividades son para hacer conjuntamente los padres (o uno de ellos) con el hijo o la hija. No es difícil encontrar unos minutos para ayudarles en su formación cristiana.

Catequesis familiar

"Timoteo"

link

Vemos este vídeo en familia y luego:
- Comentamos lo que hemos visto y oído.
- Podemos leer juntos la página 70.
- Y hacemos la actividad "¿Verdadero o falso?"

Explica este dibujo

Observa con tus padres esta fotografía y explícales con detalle lo que representa:

¿Quiénes son?

¿Quiénes son obispos y quiénes sacerdotes?

¿Qué hacen con las manos?

¿Cómo van vestidos?

¿Qué representa la paloma

Sopa de letras

Busca y encuentra las palabras:

Nombre del discípulo predilecto de Pablo...

Fue cristiano gracias a su madre llamada...

De mayor fue consagrado obispo de...

Para ello San Pablo le impuso las...

Cada Obispo debe ser como Jesús el Buen...

Cada Obispo debe der un...

El principal signo del Obispo es el...

Otro signo que puede llevar en la cabeza es la...

T	I	M	O	T	E	O
E	T	A	M	L	U	L
F	W	N	I	H	N	U
E	B	O	T	U	I	C
S	C	S	R	I	C	A
O	S	R	A	V	E	B
A	P	O	S	T	O	L
P	A	S	T	O	R	S

UN BAUTIZADO, arrepentido

"Perdonar hasta setenta veces siete"

OBJETIVO: Descubrir que en el sacramento de la Penitencia es Jesús quien nos acoge y perdona nuestros pecados.
CATECISMO "Jesus es el Señor", temas 26, 36 y 37.

el personaje

Yo soy un cristiano al que han perdonado sus pecados.

Soy un cristiano normal y corriente, como tú. A lo largo de este curso de catequesis he aprendido que un buen cristiano se **esfuerza** –lo cual no quiere decir que siempre lo consiga– en cumplir los Diez Mandamientos y el Mandamiento del amor. Por ejemplo: no quiere mal a nadie, procura obedecer a sus padres y profesores, no es violento, no dice mentiras, no hace o piensa cosas impuras, no habla mal de los demás, participa en la misa del domingo, ayuda a quien lo necesita y aprovecha el tiempo.

Yo tengo que **reconocer** que fallo en muchas de estas cosas. Pero una cosa que he aprendido en estas catequesis es que **Dios es mi Padre**, que **me ama** y que debo confiar siempre en Él. Y que su Hijo, Jesucristo, ha dado la vida por mí en la Cruz para salvarme y que –además del Bautismo y la Eucaristía- nos dejó otro sacramento maravilloso: el sacramento de la **Penitencia**. La verdad es que me gustaría saber más sobre él.

¿Sabes qué otros nombres recibe el sacramento de la Penitencia?
¿Qué más sabes de este sacramento?
¿Cuál es su finalidad? ¿A quiénes se dirige?

SOLO DIOS PUEDE PERDONAR LOS PECADOS

Aunque fallo mucho, me consuela recordar que Jesús creó ese sacramento precisamente para **perdonarnos**. Tenía muchas ganas de crearlo, porque la misma tarde de su Resurrección se apareció a los apóstoles en el Cenáculo y les dijo: **"A quien perdonéis los pecados, les quedan perdonados"** (Juan 20, 22-23).

Jesús, que es Dios, es el **único** que puede perdonar los pecados y decidir quiénes lo pueden hacer **en su nombre**. Los **sacerdotes** lo reciben en el Sacramento del Orden sacerdotal. J**esús nunca se cansa de perdonarnos**, porque perdonar a un pecador arrepentido le llena de **alegría**. El demonio, que nos quiere mal, trata de meternos **miedo** para que no nos confesemos y estemos tristes. Tú no le hagas caso; al contrario, piensa en lo que nos dijo Jesús: *"Hay más alegría en el cielo por un pecador que se convierte que por noventa y nueve justos que no necesitan penitencia"* (Lucas 15, 7).

Palabra de Dios

REFLEXIONAMOS

Explica qué significan estas palabras de san Juan: *"Si decimos que no tenemos pecado, nos engañamos a nosotros mismos y la verdad no está con nosotros"*.

¿Por qué un hombre no puede perdonar los pecados?

¡JESÚS, PERDÓNAME!

Palabra -de- Dios

Cuando los leprosos o los ciegos se acercaban a Jesús para que les **curase**, hacían esto: primero, **reconocían** que estaban ciegos o leprosos, luego venían a **decírselo** a Jesús, después le **pedían** que les curase y, por supuesto, **no querían volver** a estar leprosos o ciegos. Algo parecido debes hacer tú con la lepra de tus pecados.

Son como cinco "**pasos**":

1. Ves en qué has pecado (esto es el *examen de conciencia*).

2. Te duele haber ofendido a Jesús y no quieres volver a hacerlo (*dolor de los pecados y propósito de la enmienda*).

3. Vas al sacerdote y le dices los pecados (*confesión de los pecados*).

4. Aceptas la *penitencia* que te indique el sacerdote.

5. Recibes la *absolución del sacerdote*. Los pasos más importantes son el 2° y el 5°.

REFLEXIONAMOS

Los enfermos que acudían a Jesús para ser curados, ¿reconocían que estaban enfermos?

¿Qué hubiera sucedido si no hubieran reconocido su enfermedad?

¿Cómo definirías cada uno de esos cinco "pasos"?

el signo

LA GRACIA DE DIOS CAMBIA NUESTROS CORAZONES

Ahora algunos cristianos dicen: *"Yo no me confieso, porque el sacerdote es un hombre como yo y no voy a decirle mis pecados"*. Es verdad que el sacerdote es un hombre. Pero cuando perdona a los pecadores en el SACRAMENTO DE LA PENITENCIA, **ES JESÚS QUIEN PERDONA**. El sacerdote le presta su persona, sus oídos, su voz... Pero quien perdona es Jesús, sirviéndose del sacerdote. A veces se nos olvida que **es Jesús quien nos está esperando** en el confesionario.

Cuando Jesús perdonó los pecados al paralítico, los fariseos dijeron: *"Blasfema, ¿quién puede perdonar los pecados sino Dios?"*. Era verdad, sólo Dios puede perdonar los pecados. Pero Jesús es Dios. Por eso, Él perdonaba los pecados. Y ahora nos ha dejado a los sacerdotes para que **EN SU NOMBRE** perdonen los pecados. Pero es Él quien los perdona.

EL PAPA FRANCISCO CONFESANDO SUS PECADOS

Tú, cuando te confiesas, no le dices tus pecado a un hombre; se los dices a Jesús que te escucha y te los perdona por medio del sacerdote que en ese momento es "EL MISMO JESUCRISTO". Como Jesús sabe de qué pasta estamos hechos, nos perdona siempre y con facilidad. Más todavía, **¡se alegra mucho de perdonarnos!**

DIALOGAMOS

¿Conoces situaciones de la vida corriente en las que alguien se alegra de perdonar a otro?
Vamos a poner algunos ejemplos...

APRENDEMOS LOS NÚMEROS 52, 53 Y 57 AL 60 DEL CATECISMO "JESÚS ES EL SEÑOR".

¡Celebramos!

Antes de la confesión debemos hacer el examen de conciencia y un buen acto de contrición junto al propósito de la enmienda. Para ello, es una buena ayuda rezar la oración llamada "Señor mío, Jesucristo".

Aprendemos esta oración:

*Señor mío, Jesucristo, Dios y hombre verdadero, Creador, Padre y Redentor mío.
Por ser tú quien eres, Bondad infinita, y porque te amo sobre todas las cosas, me pesa de todo corazón haberte ofendido.
También me pesa que puedas castigarme con las penas del infierno.
Ayudado de tu divina gracia propongo firmemente nunca más pecar, confesarme y cumplir la penitencia que me fuera impuesta.
Amén*

CUANDO TE CONFIESAS, ¡ES JESÚS MISMO QUIEN TE PERDONA!

Hoy terminamos escuchando las principales palabras con las que el sacerdote perdona nuestros pecados.

Sacerdote: Dios, Padre misericordioso, que reconcilió consigo al mundo por la muerte y la resurrección de su Hijo y derramó el Espíritu Santo para la remisión de los pecados, te conceda, por el ministerio de la Iglesia, el perdón y la Paz.

Y YO TE ABSUELVO DE TUS PECADOS EN EL NOMBRE DEL PADRE Y DEL HIJO Y DEL ESPÍRITU SANTO.

Penitente: Amén

Estas actividades son para hacer conjuntamente los padres (o uno de ellos) con el hijo o la hija. No es difícil encontrar unos minutos para ayudarles en su formación cristiana.

Catequesis familiar

link

▶ "Sacramento de reconciliación"
Canal YouTube El Vídeo del Papa

Vemos este vídeo en familia y luego:
- Comentamos lo que hemos visto y oído.
- Podemos mirar el dibujo y leer juntos la página 76 y 79.
- ¿Quién es la persona que se está confesando?

Rezamos

Antes de la confesión debemos hacer un buen acto de dolor de los pecados junto al propósito de la enmienda. Para ello, nos puede ayudar esta oración:

Señor mío Jesucristo,
Dios y hombre verdadero.
Creador, Padre y Redentor mío.
Por ser tú quien eres, Bondad infinita,
y porque te amo sobre todas las cosas,
me pesa de todo corazón
haberte ofendido.
También me pesa porque me puedes
castigar con las penas del infierno.
Ayudado de tu divina gracia propongo
firmemente nunca más pecar,
confesarme y cumplir la penitencia
que me fuera impuesta. Amén.

Sopa de letras

Busca y encuentra las palabras:

Dios nos ama y es nuestro...

Envió a la tierra a Jesús para...

Jesús vino para perdonar nuestros...

Nos perdona en el Sacramento de la...

No te confiesas con un hombre sino con...

El sacerdote dice en nombre de Jesús: "Yo te..."

Y tú debes responder...

A	S	V	X	P	C	A
P	A	D	R	E	O	B
I	L	W	G	C	N	S
H	V	A	J	A	F	U
J	A	M	E	D	E	E
H	R	E	S	O	S	L
G	N	N	U	S	I	V
F	O	D	S	H	O	O
C	S	F	U	G	N	J

ESTÉFANAS

link

"La vida eterna"
© Editorial Casals

OBJETIVO: Descubrir la importancia de la resurrección de la carne en la fe cristiana.

CATECISMO "Jesus es el Señor", temas 42, 43 y 44.

Yo soy Estéfanas, el primer cristiano de Corinto, una importante ciudad romana. **San Pablo** llegó a mi ciudad desde Atenas, donde se habían burlado de él por predicar que Jesús había resucitado. Sin embargo, no se acobardó sino que nos predicó con toda claridad que Jesús había muerto y **resucitado** por nosotros y que nosotros resucitaríamos con Él para una vida nueva, eterna y feliz en el **Cielo**. ¡Qué maravillosa noticia!

Pablo nos hablaba desde el **corazón**, con la fuerza y la alegría de quien conoce la **verdad**. Ayudados por la gracia de Dios, mi familia, yo y otros ciudadanos de Corinto quisimos recibir el **Bautismo**.

Cuando Pablo se marchó a Éfeso para continuar predicando, entre nosotros surgieron divisiones acerca del modo de celebrar la Eucaristía y sobre la resurrección de los muertos. Entonces, decidí ir a buscarle para pedirle que nos ayudara a resolver estos conflictos.

el personaje

Descifra el siguiente texto:

A	B	C	D	E	F	G	H	I	J	K	L	M	N	O	P	Q	R	S	T	U	V	W	X	Y	Z
14			8														23	4	16		18				

¿Qué es resucitar?

R		S			T	A	R		S		V		V		R		A		V		V		R
23	25	4	22	2	5	16	14	23	25	4	18	9	24	18	25	23	14	18	5	18	5	23

D		S				S		D			A				R	T			A	R	A
8	25	4	11	22	25	4	8	25	24	14	26	22	25	23	16	25	11	14	23	14

		V		V		R		A			R		R			A		Á	S
7	9	18	9	24	18	25	23	14	26	9	23	5	23	3	14	26	14	4

Palabra de Dios

Pablo se **disgustó** mucho al enterarse de nuestras **discusiones**, pero enseguida nos aclaró todas las dudas que le planteamos. Nos dijo que igual que Cristo no está dividido, tampoco debíamos estarlo nosotros (1 *Corintios* 1, 10-13).

Sobre la **Eucaristía**, mantuvo con firmeza que la forma de celebrarla era tal y como Jesús lo había hecho en la última Cena, y para que nos quedara claro nos lo volvió a **explicar** con todo detalle.

Pero donde puso una especial fuerza fue al hablar de la **resurrección de los muertos**: *"Pero si se predica que Cristo ha resucitado de entre los muertos, ¿cómo dicen algunos entre vosotros que no hay resurrección de los muertos?"* (1 *Corintios* 15, 12).

Nosotros le explicamos que algunos cristianos de Corinto pensaban que la resu-

rrección ya había sucedido, pues creían que era una cosa **solo espiritual** y que ocurría en el momento del Bautismo, es decir, que nuestro cuerpo no iba a resucitar. ¡Pablo casi perdió los **nervios** al escuchar tal error!

ACTIVIDADES

 Reflexionamos y dialogamos:

Algunos cristianos de Corinto estaban equivocados con respecto a la resurrección. ¿Puedes explicar cuál era su error?

PABLO ESCRIBE A LOS CORINTIOS
(1 CORINTIOS 15, 3-4 Y 17-20)

Ya más sereno, me preguntó: *"¿Recuerdas qué fue lo primero que os prediqué cuando llegué a Corinto? Os lo voy a recordar: «Porque os transmití, en primer lugar, lo que a mi vez recibí: que Cristo murió por nuestros pecados, según las Escrituras y que fue sepultado y* **resucitó** *al tercer día según las Escrituras»"* (Corintios 15,3).

"Además, os dije que, por el poder de Dios, **¡también nosotros resucitaríamos** *al final del mundo!"* Luego insistió en esta idea: *"Si los muertos no resucitan, tampoco Cristo resucitó; y si Cristo no resucitó, vuestra fe es vana".* Después lo puso todo por escrito en una preciosa y larga carta que envió a los hermanos de Corinto.

Nos quedó muy claro que **¡si Jesús no ha resucitado, no vale la pena ser cristiano y los cristianos seríamos dignos de lástima!** Además, seríamos unos mentirosos y unos blasfemos porque hacemos decir a Dios algo que es falso. *"Si tuviéramos puesta nuestra esperanza en Cristo solo para esta vida, seríamos los más miserables de todos los hombres"* (1 Corintios 15, 19).

Afortunadamente, cuando los cristianos de Corinto leyeron una carta que Pablo escribió después, las cosas se calmaron y todo se arregló.

Palabra
- de -
Dios

ACTIVIDADES

Reflexionamos:

¿Por qué enseña San Pablo: "Si los cristianos tuviéramos puesta nuestra esperanza en Cristo solo para esta vida, seríamos los más miserables de todos los hombres"?

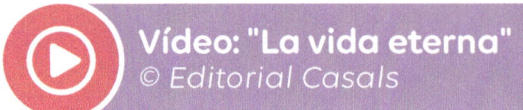
▶ Vídeo: "La vida eterna"
© Editorial Casals

link

TENEMOS MUCHOS MOTIVOS PARA CREER EN LA RESURRECCIÓN DE LA CARNE:

el signo

- **Jesús resucitó al tercer día**, como había anunciado muchas veces.
- Jesús nos dejó **abundantes pruebas** de su Resurrección, principalmente su sepulcro vacío.
- Algunos de los apóstoles **comieron con Jesús** en la orilla del lago.
- También se encontró con dos discípulos camino de **Emaús** y se sentó a comer con ellos.
- Muchas personas **le vieron y hablaron** con Cristo resucitado (san Pablo nos dice que "después de resucitar se apareció a más de quinientos hermanos a la vez" (1 Corintios 15, 6).
- Todas estas personas son **testigos de la Resurrección de la carne**.
- Los milagros que hizo Jesús al resucitar a algunos muertos (Lázaro, la hija de Jairo, el hijo de la viuda de Naín) fueron **signos** de su poder sobre la vida y la muerte; es decir, que como Dios que es, tiene pleno poder para devolver la vida a un cadáver allí donde esté.

APRENDEMOS

Los cristianos creemos en la resurrección de la carne y en la vida eterna porque creemos que Jesús resucitó y por el bautismo nos hace miembros de su cuerpo.
Los cristianos no morimos, descansamos en el Señor.

APRENDEMOS LOS NÚMEROS 45 AL 50 DEL CATECISMO "JESÚS ES EL SEÑOR".

¡Celebramos!

Si se puede, llevamos el **Cirio Pascual** y explicamos su significado.

Plegarias por los difuntos

Yo soy la resurrección y la vida.
Quien cree en Mí,
aunque haya muerto vivirá.
Y todo el que vive y cree en Mí,
no morirá para siempre.

Te damos gracias...
porque la vida de los que en ti creemos,
Señor, no termina, se trasforma.
Y, al deshacerse nuestra morada terrenal,
adquirimos una mansión eterna en el Cielo.

(Del Prefacio de la Misa de difuntos).

CANCIÓN
LA MUERTE NO ES EL FINAL

Tú nos dijiste que la muerte,
no es el final del camino
que aunque morimos,
no somos carne de un ciego destino.

Tú nos hiciste, tuyos somos,
nuestro destino es vivir
siendo felices contigo
sin padecer ni morir.

Cuando, Señor, resucitaste,
Todos vencimos contigo.
nos regalaste la vida
como en Betania al amigo.

Si caminamos a tu lado,
no va a faltarnos tu Amor,
porque, muriendo, vivimos
vida más clara y mejor.

(Canto de despedida de un difunto).

link

♫ La muerte no es el final

Estas actividades son para hacer conjuntamente los padres (o uno de ellos) con el hijo o la hija. No es difícil encontrar unos minutos para ayudarles en su formación cristiana.

Catequesis familiar

▶ **"La vida eterna"**
© *Editorial Casals*

Vemos este vídeo en familia y luego:
- Comentamos lo que hemos visto y oído.
- Anotamos aquí una conclusión.

Razona

Leemos en familia la frase escrita sobre el campo de cruces de la pág. 85.

¿Podrías anotar tres razones por las que los cristianos creemos en la resurrección final de los cuerpos?

Sopa de letras

Busca y encuentra las palabras:

Nombre del protagonista de este encuentro...

Apóstol más admirado por Estéfanas...

Pablo le habló de la resurrección de la...

"Si los muertos no resucitan tampoco Cristo..."

Jesús resucitó al tercer día después de...

Jesús dijo: "Yo soy la Resurrección y la..."

Para los cristianos la muerte no es el...

E	M	O	R	I	R	T
S	Z	X	C	V	R	D
T	A	V	F	D	E	F
E	Q	I	I	U	S	C
F	U	D	N	I	U	A
A	I	A	A	Y	C	R
N	O	H	L	T	I	N
A	P	J	G	F	T	E
S	P	A	B	L	O	X

JESUCRISTO, alfa y omega

"A mí me lo hicisteis"

OBJETIVO: Saber que Jesús vendrá al final del mundo como Señor y Juez supremo y dará a cada uno según sus obras.

CATECISMO "Jesus es el Señor", temas 42, 43 y 44.

Yo soy Jesús en el día del Juicio Final. No necesito presentarme porque ya me conoces. Hoy, al terminar nuestros encuentros, quiero hablarte de un título muy importante que recibí, sobre todo, con mi muerte y resurrección: es el título de **Rey del Universo**.

No sé si sabes cómo se construían los arcos de piedra de las catedrales. Hacían un andamio y luego iban poniendo **piedra a piedra** a los dos lados. Cuando se juntaban los lados derecho e izquierdo, ponían una piedra en el **centro** que sujetaba todas las demás piedras; la llamaban **"piedra angular"**. Sólo entonces quitaban el andamio.

Eso soy yo, "la piedra angular" de la creación y de la Iglesia. Sin mí no existiría nada de cuanto existe. Pero el mundo existe y un día llegará a su fin. Ese día **Yo volveré**, con gran poder y majestad, para juzgar a todos los seres humanos de todos los tiempos. Ni uno solo quedará sin ser juzgado.

¿Qué títulos conoces de Jesús?
¿Qué significa que es Rey del Universo?
¿Por qué sin Jesucristo no existiría nada de cuanto existe? *(Lee el prólogo del evangelio de San Juan 1, 1-3 y podrás responder).*

"AL FINAL DE LA VIDA NOS EXAMINARÁN DE AMOR"

Nadie sabe cuándo ocurrirá esto. Porque mi Padre sólo ha dicho que llegará un día en el que este mundo desaparecerá. En ese momento, daré vida a los cuerpos de los hombres y mujeres que han vivido a lo largo de todos los siglos. Será la **"resurrección de la carne"**.

Después haré un examen público a todos los hombres y mujeres de todos los tiempos. Será el **"Juicio universal"**. Juzgaré a los que han gobernado las naciones, a los parlamentarios, a los jueces, a los investigadores, a los profesores, a los actores y cantantes...Y a la gran muchedumbre de gente sencilla. Será un examen en el que cada uno recibirá lo que haya merecido según sus obras.

El examen sólo tendrá una pregunta porque versará sobre una sola cosa: **sobre el amor, amor a Dios y amor al prójimo.** Y a esa pregunta responderé Yo según las obras de cada uno. Los que hayan acogido mis palabras y mi infinito Amor, irán conmigo para siempre al Cielo. Al contrario, los que me hayan rechazado y hayan obrado el mal, sin arrepentimiento, irán al infierno con el demonio para siempre (Mateo 25, 31-33).

REFLEXIONAMOS

¿Cómo se podrá examinar a personas que han vivido hace miles de años?

Nada más morir Dios juzgará a cada ser humano. ¿Qué diferencia hay entre este juicio individual y el juicio final?

"CUANDO SE LO HACÍAS A ELLOS, ME LO HACÍAS A MÍ"

Yo recordaré a quienes me dieron de comer cuando pasaba **hambre**, me visitaron y cuidaron cuando estaba **enfermo**, fueron a verme cuando estaba en la **cárcel**, me dieron ropa cuando estaba medio **desnudo**...

A los otros, en cambio, les diré que no lo hicieron: que estaban muy ocupados con sus **egoísmos** y sus **caprichos** y no tuvieron tiempo para **pensar en los demás**, en los pobres, en los enfermos, en darme a conocer a los que me ignoraban... Sé que todos me responderán que nunca me habían visto. Que es la primera vez que me ven. Pero yo les diré: no es verdad. Habéis escuchado alguna vez el Evangelio: *"cuando se lo hacías a ellos, me lo hacías a Mí, y cuando no se lo hacíais a ellos, dejabais de hacerlo conmigo".*

Por eso, los que han amado a sus prójimos vendrán conmigo al **Cielo**; pero a los otros les diré: *"Apartados de Mí, malditos, al fuego eterno preparado para el diablo y sus ángeles"* (Mateo 25, 41 y ss.).

REFLEXIONA

¿No sería el mundo muy distinto si los cristianos nos preocupáramos seriamente de ayudar a los demás: en las familias, en los oficios, en los negocios...?

¿Conoces personas que viven realmente entregadas a los demás?

el signo

Este es el "Mandamiento nuevo" de Jesús y así será su Juicio: *"En esto conocerán que sois discípulos míos: si os amáis los unos a los otros como Yo os he amado"* (Juan 13, 34-35).

APRENDEMOS

¿Qué es creer en la Vida eterna?
Creer en la Vida eterna es creer que después de esta vida,
Dios nos dará una Vida que durará para siempre.

¿Qué es el Cielo?
El Cielo es la felicidad de la que gozan los hombres y las mujeres
que están ya con Dios para siempre.

¿Qué es el Purgatorio?
El Purgatorio es el sufrimiento de los seres humanos que han muerto en paz con
Dios, pero que tienen que ser purificados de sus pecados antes de participar de
la felicidad del Cielo.

¿Qué es el Infierno?
El infierno es el sufrimiento de los seres humanos que, después de la muerte,
están separados de Dios para siempre.

APRENDEMOS LOS NN. 51, 61, 64, 66, 71, 73 y 74 DEL CATECISMO "JESÚS ES EL SEÑOR".

Prefacio de la Misa de Jesucristo Rey del Universo

**Recitamos juntos este Prefacio que es un canto
de alabanza a Jesucristo Rey del Universo:**

En verdad es justo y necesario,
es nuestro deber y salvación darte
gracias, siempre y en todo lugar,
Señor, Padre santo,
Dios todopoderoso y eterno.

Porque consagraste Sacerdote eterno
y Rey del universo a tu único Hijo,
nuestro Señor Jesucristo,
ungiéndolo con óleo de alegría,
para que ofreciéndose a sí mismo
como víctima perfecta y pacificadora
en el altar de la cruz,
consumara el misterio
de la redención humana,

y sometiendo a su poder
la creación entera,
entregara a tu Majestad infinita
un Reino eterno y universal:
el Reino de la verdad y de la vida,
el Reino de la santidad y la gracia,
el Reino de la justicia, el amor y la paz.

Por eso,
con los ángeles y los arcángeles
y con todos los coros celestiales,
cantamos sin cesar
el himno de tu gloria.

Cantamos todos: Santo, Santo, Santo...

PROCLAMAMOS EL SÍMBOLO DE LOS APÓSTOLES (PÁG. 101).

Estas actividades son para hacer conjuntamente los padres (o uno de ellos) con el hijo o la hija. No es difícil encontrar unos minutos para ayudarles en su formación cristiana.

Catequesis familiar

link

▶ "A mí me lo hicisteis"

Esta vez nos fijaremos más en las escenas en las que aparece Jesús; las vamos anotando para comentarlas al final.

¿Verdadero o falso?

Al final del mundo todo desaparecerá.

VERDADERO ⬜ ⬜ FALSO

Al final del mundo habrá un juicio universal.

VERDADERO ⬜ ⬜ FALSO

Los buenos serán premiados con el cielo.

VERDADERO ⬜ ⬜ FALSO

Los malos no tendrán ningún castigo.

VERDADERO ⬜ ⬜ FALSO

Después de esta vida hay otra vida que es para siempre.

VERDADERO ⬜ ⬜ FALSO

En ella, Jesucristo será reconocido como Rey Universal.

VERDADERO ⬜ ⬜ FALSO

Sopa de letras

Busca y encuentra las palabras:

Afirmamos que Jesús es el Rey del...

Al final de la vida nos examinará de...

"Cuando se lo hacías a ellos me lo hacías a..."

Jesús nos dijo: "Amaos como Yo os he..."

La felicidad con Dios para siempre se llama...

El sufrimiento de no ver jamás a Dios se llama...

La imagen de la pág. 88 es Jesús el día del...

A	M	A	D	O	I	U
E	P	D	F	L	N	N
G	T	J	C	E	F	I
H	R	U	V	I	I	V
M	E	I	X	C	E	E
I	W	C	V	B	R	R
K	N	I	M	U	N	S
A	M	O	R	P	O	O

EL PROYECTO "CATEQUESIS DE ORIENTACIÓN CATECUMENAL": ORIENTACIONES PARA LOS CATEQUISTAS

1	¿Cuál es su principal objetivo?	95
2	Estructura de los encuentros	96
3	La belleza de las imágenes	97
4	Implicar a los padres de familia	98
5	Cómo ponerlo en marcha en una parroquia o colegio	99
6	Los catequistas	99
7	Elementos propios del proyecto: etapas, ritos, escrutinios.	100
8	Medios audiovisuales y anexos	100

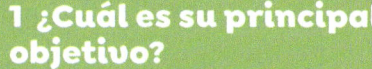

1 ¿Cuál es su principal objetivo?

En este proyecto de catequesis, por tanto, no se prepara a una persona *para que reciba* éste o el otro sacramento sino *para que descubra, acepte, siga y aprenda a amar a la Persona de Jesucristo.*

Seguir a Jesucristo *"no es un hecho que interesa sólo a nuestra inteligencia, sino que es un cambio que involucra la vida, la totalidad de nosotros mismos: sentimiento, corazón, inteligencia, voluntad, corporeidad, emociones, relaciones humanas. Con la fe en Jesucristo cambia verdaderamente todo en nosotros y para nosotros, y se revela con claridad nuestro destino futuro, la verdad de nuestra vocación en la historia, el sentido de la vida, el gusto de ser peregrinos hacia la Patria celestial"* (Benedicto XVI, Audiencia 17-X-2012).

Unas **palabras del papa Francisco, dirigidas a los Obispos de España,** son muy adecuadas para entender la actualidad de los planteamientos del presente proyecto: *"El momento actual (…) exige poner a vuestras Iglesias en un verdadero estado de misión permanente, para llamar a quienes se han alejado y fortalecer la fe, especialmente en los niños. Para ello no dejéis de prestar una atención particular al proceso de iniciación a la vida cristiana"* (…) y al *"acompañamiento de las familias (…) Iglesia doméstica donde se fragua y se vive la fe. Una familia evangelizada es un valioso agente de evangelización"* (Discurso del 3-III-2014).

2 Estructura de cada uno de los encuentros

Cada uno de los encuentros está pensado para impartirlo en dos semanas. *Es muy importante fijarse muy bien en el objetivo de cada encuentro.* Todos los encuentros tienen la siguiente estructura:

OBJETIVO

1.   **Introducción / El personaje**
2 y 3. **Palabra de Dios**
4.   **El signo**
5.   **Celebramos**
6.   **Catequesis en familia**

La finalidad de cada uno de los *apartados* es la siguiente:

1.   *Introducción:* la primera página de cada encuentro tiene como fin introducir el tema de un modo atrayente y ameno centrando la atención en el "personaje" prin-

cipal del encuentro cuyo relato nos servirá de hilo conductor a lo largo del tema.

2y3. *La Palabra de Dios* ocupa dos apartados. Este es un momento muy importante, pues de una lectura atenta, pausada y bien asimilada va a depender la adecuada identificación con el objetivo que se propone en cada encuentro. La imagen que va en esta página está pensada para que sea comentada por el catequista y ayude a los catecúmenos a identificarse mejor con el texto bíblico. Es el momento de preguntarnos también aquello que Dios nos quiera sugerir o inspirar con esa lectura.

4.   *El signo de fe:* en cada encuentro se dedica esta página a un Signo cristiano que expresa esa verdad de fe o esa virtud cristiana (la cruz, el altar, una imagen de la Virgen, el cirio pascual, etc.). Al final de este apartado se indican en cada encuentro las "fórmulas de fe" del Catecismo "Jesús es el Señor" que corresponde aprender en cada encuentro.

5.   *Celebramos:* esta página, que suele tener contenido litúrgico, tiene como finalidad "enseñar a orar" por medio de un himno, un canto, un prefacio o una oración en común. Es el momento celebrativo de cada encuentro y aquí será importante la dinámica que aplique el catequista para conseguir una participación activa y piadosa de su grupo de catecúmenos.

6.   *Catequesis en familia:* Cada encuentro ofrece en la página final unas *actividades para vivir en familia.* Este momento familiar tiene *mucho interés* pues se ofrece a los padres la ocasión de vivir un rato semanal o quincenal para conversar con su hijo/a sobre un pasaje del Evangelio, de ver juntos un

vídeo con mensaje cristiano o de realizar conjuntamente (padres e hijo/a) una actividad simpática, por ejemplo, una sopa de letras o escuchar una canción.

En estas catequesis los catecúmenos deben aprender a vivir y a orar en comunidad y a participar activamente en la vida y misión de la Iglesia. El Concilio Vaticano II señala a los pastores la necesidad de «cultivar debidamente el espíritu de comunidad» y a los catecúmenos la de «aprender a cooperar eficazmente en la evangelización y edificación de la Iglesia».

3 La belleza de las imágenes

Un aspecto que hemos querido cuidar de modo especial ha sido la calidad y belleza de las imágenes, tanto las que ilustran los tres libros como las que se trasmiten por medio de los videos y canciones. En este punto hemos seguido la recomendación del papa Francisco en su Exhortación "La alegría del Evangelio": *"Es bueno que toda catequesis preste una especial atención al «camino de la belleza» (via pulchritudinis). Anunciar a Cristo significa mostrar que creer en Él y seguirlo no es sólo algo verdadero y justo, sino también bello, capaz de colmar la vida de un nuevo resplandor y de un gozo profundo, aun en medio de las pruebas. En esta línea, todas las expresiones de verdadera belleza pueden ser reconocidas como un sendero que ayuda a encontrarse con el Señor Jesús"* (Evangelii Gaudium n. 167).

Es importante que el catequista ayude a los niños a fijarse en las principales imágenes y fotos de cada tema pues los niños aprenden mucho por la *lectura de las imágenes.*

4 Implicar a los padres de familia

Si buscamos *formar niños o jóvenes cristianos* hemos de considerar la necesidad de implicar a los padres en el proceso de iniciación cristiana de sus hijos (Cf Directorio General de Catequesis, nn 226 y ss.). Como decía un buen y experto párroco: *"Si los padres no están ahí, los chicos no siguen después"*.

La experiencia demuestra que, informados y motivados de modo conveniente, un número significativo de padres, a veces poco o nada practicantes, suelen aceptar y apoyar para sus hijos un proyecto de catecumenado sistemático, pues en su subconsciente no quieren para sus hijos la indiferencia religiosa presente en gran parte de la juventud actual.

Además, los padres que se implican en este proceso refuerzan su vida cristiana pues *"la fe crece cuando se transmite"* (Benedicto XVI y el papa Francisco en diversos discursos).

Todos los esfuerzos que se hagan para implicar a los padres en la iniciación cristiana de sus hijos están en la buena dirección, hasta el punto de que ese es el objetivo más importante de la catequesis (Cf. Enzo Biemmi, *El segundo anuncio*. Sal Terrae, págs. 65 y ss.).

No hay recetas únicas para implicar a los padres. Sin embargo, las cosas buenas que se van haciendo, aunque parezca que se camina despacio, dan excelentes pistas.

5 Cómo poner en marcha este proyecto en una parroquia o colegio

Hay muchas maneras de iniciar un Proyecto de Catequesis Catecumenal en una parroquia, colegio o movimiento. A continuación exponemos los pasos que, según nuestra experiencia, se pueden dar para iniciarlo:

- **El párroco o el capellán** que lo promueve debería formular por escrito el proyecto con bastante detalle. En este punto será muy positiva la colaboración activa de los catequistas. Y, lógicamente, adecuar lo mejor posible el proyecto a aquellos a quienes va dirigido.

- **Seleccionar a los catequistas apropiados.** Este punto es clave, pues serán ellos quienes han de impulsar y orientar este tipo peculiar de catequesis manteniendo una relación de colaboración cercana y amistosa con los niños y con los padres de los chicos que participan en el proyecto.

- **Tener al menos una reunión trimensual con los padres.** En la primera reunión con ellos se les puede exponer las líneas generales del proyecto de orientación catecumenal y la importancia de su colaboración en bien de sus hijos. A la vez, se les puede comentar en qué consistirían las sesiones semanales o quincenales de "catequesis en familia" previstas para realizar en casa, y se les pueden presentar algunos ejemplos de la última página de cada encuentro que es la dedicada a la "catequesis en familia". Se les hará ver que son actividades sencillas que esta participación espontánea y libre de los padres es muy eficaz para la formación cristiana de los hijos.

- La experiencia indica que a lo largo del curso resulta útil tener **algunas sesiones "on line" con los padres** sobre todo para orientarles en la Catequesis Familiar y cuando sea prácticamente imposible reunirlos para una sesión presencial. Asimismo, el uso del Whatsapp y del correo electrónico facilita el envío a los padres de guiones y, en general, la relación de los catequistas con los padres de los niños. Es un medio eficaz para que aquellos se impliquen de un modo más activo en la catequesis de sus hijos.

6 Los catequistas

Probablemente un buen número de los catequistas que se encarguen de estas catequesis de inspiración catecumenal sean fieles laicos. Pues bien, los propios catecúmenos y catequizandos pueden encontrar en ellos un modelo cristiano cercano en el que proyectar su futuro como creyentes. El Señor Jesús invita así, de una forma especial, a hombres y mujeres, a seguirle precisamente en cuanto maestro y formador de discípulos. Esta llamada personal de Jesucristo, y la relación con El, son el verdadero motor de la acción del catequista. De este conocimiento amoroso de Cristo es de donde brota el deseo de anunciarlo, de evangelizar, y de llevar a otros al "sí" de la fe en Jesucristo".

7 Elementos propios del Catecumenado: etapas, ritos, escrutinios

Es tradicional en toda catequesis parroquial o escolar programar algunas *celebraciones de la Palabra* (por ejemplo, la entrega de la Biblia, del Catecismo o del Padrenuestro). Estas celebraciones de la Palabra son muy adecuadas para desarrollar en las catequesis de inspiración catecumenal tanto para los niños como para sus familias, pues refuerzan el sentido religioso y el espíritu de comunidad.

En unas catequesis de orientación catecumenal como las que ahora presentamos estas celebraciones adquieren especial importancia. La **Cuaresma** ha de cobrar toda su pujanza para ofrecer una más intensa preparación de los catecúmenos; y la **Vigilia Pascual** es el tiempo más adecuado para administrar los sacramentos de la iniciación.

En el supuesto de niños y niñas en edad escolar que comienzan su iniciación cristiana, las celebraciones se jalonan según prescribe el **Ritual de Iniciación cristiana de adultos, capítulo V.**

8 Medios audiovisuales y Anexos

Los *contenidos multimedia* que forman parte del proyecto editado "Catequesis de Orientación Catecumenal" (canciones y vídeos) han sido seleccionados por su calidad y dependiendo de las edades de cada Nivel. En cada contenido audiovisual hay un código QR que dirige directamente a la web de nuestra editorial donde se puede ver cada vídeo o canción.

Son vídeos y canciones muy adecuados para los niños de estas edades; tienen también la virtud de ser bastante breves, pues casi nunca superan los 5 minutos, lo cual facilita su uso en la sesión de catequesis parroquial o escolar y en la familia.

En las páginas finales de cada uno de los tres libros de Niños se incluyen tres **anexos**:

- **Oraciones**
- **Misal**
- **¿Cómo hacer una buena Confesión?**

El *anexo Oraciones* recoge las oraciones cristianas más comunes: el Padrenuestro, el Avemaría y el Gloria; las oraciones más conocidas a la Santísima Virgen: la Salve, el Acordaos, el Angelus; el acto de contrición, etc.

El *anexo Misal* tiene como finalidad facilitar al catecúmeno una breve exposición de las partes y ritos de la Misa que pueda serle útil para participar de un modo atento y piadoso en la celebración dominical de la Eucaristía.

El *anexo Cómo hacer una buena Confesión* puede ser especialmente útil en estas edades en las muchos de los niños se acercan por vez primera al **Sacramento de la Reconciliación**.

ORACIONES

La señal de la Santa Cruz

Por la señal de la Santa Cruz,
de nuestros enemigos, líbranos, Señor, Dios nuestro.
En el nombre del Padre, y del Hijo,
y del Espíritu Santo. Amén.

El Padrenuestro

Padre nuestro, que estás en el cielo, santificado sea
tu Nombre; venga a nosotros tu reino; hágase tu
voluntad en la tierra como en el cielo.
Danos hoy nuestro pan de cada día;
perdona nuestras ofensas como también nosotros
perdonamos a los que nos ofenden;
no nos dejes caer en tentación,
y líbranos del mal. Amén.

El Avemaría

Dios te salve, María; llena eres de gracia;
el Señor es contigo; bendita Tú eres entre todas las
mujeres, y bendito es el fruto de tu vientre, Jesús.
Santa María, Madre de Dios,
ruega por nosotros, pecadores,
ahora y en la hora de nuestra muerte. Amén.

Gloria

Gloria al Padre y al Hijo y al Espíritu Santo. Como era
en el principio, ahora y siempre, por los siglos de los
siglos. Amén.

El Credo, símbolo de los Apóstoles

Creo en Dios, Padre Todopoderoso,
Creador del cielo y de la tierra.
Creo en Jesucristo, su único Hijo, nuestro Señor;
que fue concebido por obra y gracia del Espíritu Santo,
nació de Santa María Virgen,
padeció bajo el poder de Poncio Pilato,
fue crucificado, muerto y sepultado;
descendió a los infiernos,
al tercer día resucitó de entre los muertos;
subió a los cielos y está sentado a la derecha de Dios,
Padre Todopoderoso.
Desde allí ha de venir a juzgar a vivos y muertos. Creo
en el Espíritu Santo, la Santa Iglesia Católica,
la comunión de los Santos; el perdón de los pecados;
la resurrección de la carne; y la vida eterna. Amén.

Confesión general

Yo confieso ante Dios Todopoderoso y ante vosotros,
hermanos, que he pecado mucho de pensamiento,
palabra, obra u omisión: por mi culpa, por mi culpa,
por mi gran culpa.
Por eso a Santa María, siempre Virgen, a los ángeles, a
los santos y a vosotros, hermanos, que intercedan por
mí ante Dios, nuestro Señor. Amén.

Acto de contrición general

¡Señor mío, Jesucristo!, Dios y Hombre verdadero,
Creador, Padre y Redentor mío; por ser Vos quien
sois, Bondad infinita, y porque os amo sobre todas las
cosas, me pesa de todo corazón de haberos ofendido;
también me pesa porque podéis castigarme con las
penas del infierno. Ayudado de vuestra divina gracia,
propongo firmemente nunca más pecar, confesarme y
cumplir la penitencia que me fuere impuesta. Amén.

La Salve

*Es una súplica a Santa María Reina, que lo puede todo,
pidiéndole su ayuda y protección.*

Dios te salve,
Reina y Madre de misericordia;
vida, dulzura y esperanza nuestra.
Dios te salve.
A Ti llamamos los desterrados hijos de Eva:
A Ti suspiramos, gimiendo y llorando,
en este valle de lágrimas.
Ea, pues, Señora, abogada nuestra,
vuelve a nosotros esos tus ojos misericordiosos;
y después de este destierro
muéstranos a Jesús, fruto bendito de tu vientre.
¡Oh clemente, oh piadosa,
oh dulce siempre Virgen María!
Ruega por nosotros, Santa Madre de Dios, para que
seamos dignos de alcanzar las promesas y gracias
de Nuestro Señor Jesucristo. Amén.

Bendita sea tu pureza

*Con esta oración alabas la pureza de la Virgen y le pides su
ayuda para ser limpio en pensamientos, palabras y obras.*

Bendita sea tu pureza y eternamente lo sea;
pues todo un Dios se recrea en tan graciosa belleza.
A Ti, celestial Princesa. ¡Oh, Virgen sagrada María!
Yo te ofrezco en este día
alma, vida y corazón;
mírame con compasión;
no me dejes, Madre mía,
ahora y en la última agonía, de mi muerte. Amén

Acordaos

Es una oración en la que demostramos nuestra confianza a la Virgen, nuestra Madre, y que podemos rezar por nosotros y por cualquier persona que se encuentre en una necesidad.

Acuérdate, oh piadosísima Virgen María,
que jamás se ha oído decir que ninguno de los que han acudido a tu protección,
implorando tu asistencia y reclamando tu auxilio,
haya sido abandonado de Ti.
Animado con esta confianza, a Ti también acudo,
¡oh Virgen de las vírgenes!; y gimiendo bajo el peso de mis pecados, me atrevo a comparecer ante tu presencia soberana.
¡Oh Madre de Dios!, no desprecies mis súplicas; antes bien, escúchalas y acógelas benignamente. Amén.

¡Oh, Señora mía!

Esta oración te puede servir de ofrecimiento personal a la Virgen. Si quieres puedes decírsela cada día al levantarte.

¡Oh, Señora mía! ¡Oh, Madre mía!
Yo me ofrezco del todo a Ti,
y en prueba de mi filial afecto,
te consagro en este día
mis ojos, mis oídos, mi lengua, mi corazón;
en una palabra, todo mi ser.
Ya que soy todo tuyo,
Madre de bondad, guárdame y defiéndeme como cosa y posesión tuya. Amén.

A las doce, una cita con la Virgen

Es una antigua costumbre cristiana saludar todos los días a la Virgen, rezando a las doce el Angelus.

En esta oración le recordamos a la Virgen María el momento más grande de su vida: cuando el Arcángel San Gabriel le anunció que iba a ser la Madre de Dios.

El Ángel del Señor anunció a María.
Y concibió por obra del Espíritu Santo. *Avemaría.*
He aquí la esclava del Señor.
Hágase en mí según tu Palabra. *Avemaría.*
El Hijo de Dios se hizo hombre.
Y habitó entre nosotros. *Avemaría.*
Ruega por nosotros, Santa Madre de Dios.
Para que seamos dignos de alcanzar las promesas de Nuestro Señor Jesucristo. Amén.

Oración:
Derrama, Señor, tu gracia en nuestras almas para que quienes hemos conocido, por el anuncio del Ángel, la Encarnación de tu Hijo Jesucristo, por su Pasión y Cruz seamos llevados a la gloria de la Resurrección. Por Jesucristo, Nuestro Señor. Amén.

Reina del cielo

En tiempo de Pascua de Resurrección (desde el Domingo de Resurrección hasta el Domingo de la Santísima Trinidad). Es costumbre rezarle a la Virgen el "Reina del Cielo", en lugar del Ángelus, para unirnos a su alegría y a la de toda la Iglesia.

Reina del cielo, alégrate. ¡Aleluya!
Porque el Señor a quien has merecido. ¡Aleluya!
Ha resucitado, según su palabra. ¡Aleluya!
Ruega a Dios por nosotros. ¡Aleluya!
Gózate y alégrate, Virgen María. ¡Aleluya!
Porque verdaderamente ha resucitado el Señor. ¡Aleluya!

Oración:
Oh Dios, que por la Resurrección de tu Hijo, Nuestro Señor Jesucristo, has llenado el mundo de alegría, te pedimos que por medio de tu Madre la Virgen María, alcancemos el gozo de la vida eterna. Por Jesucristo, Nuestro Señor. Amén.

Oración al Ángel de la guarda

Ángel de mi guarda, dulce compañía,
no me desampares ni de noche ni de día,
hasta que me guardes en paz y alegría,
con todos los santos, Jesús, José y María.

Los Mandamientos de la Ley de Dios

Los Mandamientos de la Ley de Dios son diez:

✚ El primero, amar a Dios sobre todas las cosas.

✚ El segundo, no tomar el nombre de Dios en vano.

✚ El tercero, santificar las fiestas.

✚ El cuarto, honrar padre y madre.

✚ El quinto, no matar.

✚ El sexto, no cometer actos impuros.

✚ El séptimo, no robar.

✚ El octavo, no decir falso testimonio ni mentir.

✚ El noveno, no consentir pensamientos ni deseos impuros.

✚ El décimo, no codiciar los bienes ajenos.

Estos diez mandamientos se resumen en dos: Amar a Dios sobre todas las cosas, y al prójimo como a ti mismo.

Los Mandamientos de la Iglesia

Los mandamientos más generales de la Santa Madre Iglesia son cinco:

✚ El primero, oír Misa entera todos los domingos y fiestas de guardar.

✚ El segundo, confesar los pecados mortales al menos una vez al año y en peligro de muerte y si se ha de comulgar.

✚ El tercero, comulgar por Pascua de Resurrección.

✚ El cuarto, ayunar y abstenerse de comer carne cuando lo manda la Santa Madre Iglesia.

✚ El quinto, ayudar a la Iglesia en sus necesidades.

El Mandamiento de Jesús

Dice Jesús:
"Un mandamiento nuevo les doy: que se amen unos a otros como Yo les he amado. En esto conocerán todos que son mis discípulos: si se tienen amor unos a otros"
(Jn 13, 34-35).

Las Bienaventuranzas

✚ Bienaventurados los pobres de espíritu, porque de ellos es el Reino de los Cielos.

✚ Bienaventurados los mansos, porque ellos poseerán la Tierra.

✚ Bienaventurados los que lloran, porque ellos serán consolados.

✚ Bienaventurados los que tienen hambre y sed de justicia, porque ellos serán hartos.

✚ Bienaventurados los misericordiosos, porque ellos alcanzarán misericordia.

✚ Bienaventurados los limpios de corazón, porque ellos verán a Dios.

✚ Bienaventurados los pacíficos, porque ellos serán llamados hijos de Dios.

✚ Bienaventurados los que padecen persecución a causa de la justicia, porque de ellos es el Reino de los Cielos.

✚ Rito inicial

En señal de respeto, recibimos al sacerdote de pie. Se canta o se recita el canto de entrada mientras el Celebrante se acerca primero al altar, lo besa y después se dirige a la sede.

Sacerdote: En el nombre del Padre y del Hijo y del Espíritu Santo.
Todos: Amén.

El sacerdote nos saluda.

S. La gracia de nuestro Señor Jesucristo, el amor del Padre y la comunión del Espíritu Santo estén con todos vosotros.
T. Y con tu espíritu.

✚ Acto penitencial

Breve pausa en silencio para recordar nuestros pecados y pedir perdón al Señor.

S. Hermanos, antes de celebrar los sagrados misterios, reconozcamos nuestros pecados.
T. Yo confieso, ante Dios todopoderoso yante vosotros, hermanos, que he pecado mucho de pensamiento, palabra, obra y omisión. Por mi culpa, por mi culpa, por mi gran culpa. Por eso ruego a santa María, siempre Virgen, a los ángeles, a los santos y a vosotros hermanos, que intercedáis por mí ante Dios, nuestro Señor.

S. Dios todopoderoso tenga misericordia de nosotros, perdone nuestros pecados y nos lleva a la Vida eterna.
T. Amén.

✚ Acto penitencial

S. Señor, ten piedad.
T. Señor, ten piedad.

S. Cristo, ten piedad.
T. Cristo, ten piedad.

S. Señor, ten piedad.
T. Señor, ten piedad.

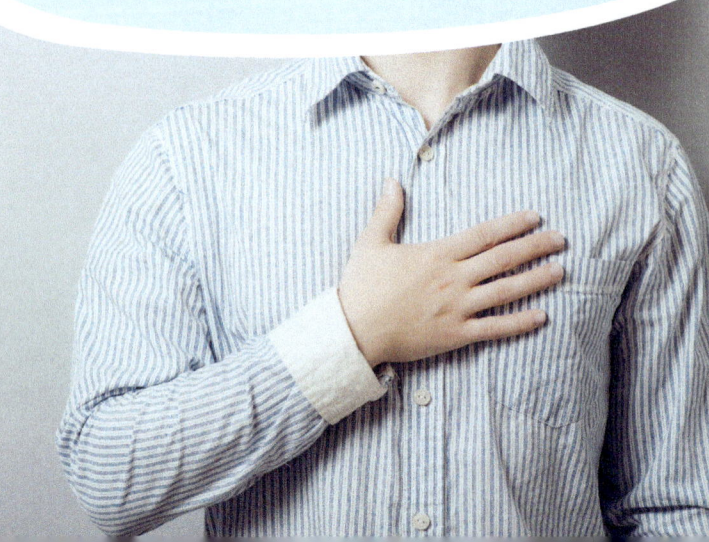

✚ Gloria

El Gloria es un canto de alabanza a Dios Padre, a Dios Hijo y a Dios Espíritu Santo.

T: Gloria a Dios en el Cielo, y en la tierra
paz a los hombres que ama el Señor.
Por tu inmensa gloria te alabamos,
te bendecimos, te adoramos,
te glorificamos, te damos gracias,
Señor Dios, Rey celestial,
Dios Padre todopoderoso.
Señor, Hijo único, Jesucristo.
Señor Dios, Cordero de Dios,
Hijo del Padre:
Tú que quitas el pecado del mundo,
ten piedad de nosotros;
Tú que quitas el pecado del mundo,
atiende nuestra súplica;
Tú que estás sentado a la derecha
del Padre, ten piedad de nosotros;
porque sólo Tú eres Santo, sólo Tú Señor,
sólo Tú Altísimo, Jesucristo,
con el Espíritu Santo
en la gloria de Dios Padre.
Amén.

✚ Liturgia de la palabra

En esta parte de la Misa escuchamos la Palabra de Dios escrita en la Biblia para recibirla en el corazón.

Primera lectura

La primera lectura es un fragmento del Antiguo Testamento; la segunda lectura suele ser un texto de las Cartas de los Apóstoles.

El lector termina diciendo: Palabra de Dios.

T. Te alabarnos, Señor.

Segunda lectura

Es un pasaje de las cartas que los apóstoles escribieron a los primeros cristianos y, por lo tanto, también a nosotros.

El lector termina diciendo: Palabra de Dios.

T. Te alabarnos, Señor.

✚ Evangelio

Nos ponemos de pie para cantar el Aleluya y nos disponemos a escuchar el Evangelio. Durante la lectura ponemos mucha atención, imaginamos la escena que estamos escuchando, como si estuvieras allí, cerca de Jesús.

S. El Señor esté con vosotros.
T. Y con tu espíritu.

S. Lectura del santo Evangelio según...
T. Gloria a ti, Señor.

Después de la lectura del Evangelio.

S. Palabra del Señor.
T. Gloria a ti, Señor Jesús.

✚ Homilía

Después el sacerdote pronuncia la Homilía. Nos sentamos para escuchar al sacerdote que nos va a ayudar a entender las lecturas y nos va a animar a poner en práctica la Palabra de Dios.

✚ Profesión de fe

T. Creo en Dios, Padre todopoderoso, Creador del cielo y de la tierra.
Creo en Jesucristo, su único Hijo, nuestro Señor, que fue concebido por obra y gracia del Espíritu Santo, nació de santa María Virgen, padeció bajo el poder de Poncio Pilato, fue crucificado, muerto y sepultado, descendió a los infiernos, al tercer día resucitó de entre los muertos, subió a los cielos y está sentado a la derecha de Dios, Padre todopoderoso.
Desde allí ha de venir a juzgar a vivos y muertos. Creo en el Espíritu Santo, la santa Iglesia católica, la comunión de los santos, el perdón de los pecados, la resurrección de la carne y la vida eterna. Amén.

✚ Oración de los fieles

En ella, unidos al sacerdote, pedimos por la Santa Iglesia y el Romano Pontífice, e imploramos a Dios que derrame sus bendiciones sobre todos los hombres, en especial sobre quienes más lo necesitan.

A cada invocación respondemos:

T. Te rogamos, óyenos.

✚ Presentación de las ofrendas

El sacerdote ofrece el pan y el vino que se convertirán en el Cuerpo y Sangre de Cristo. Pon tu vida en la patena y ofrécela a Dios como un regalo que Él santifica. "Jesús, te ofrezco toda mi vida"

S. Bendito seas, Señor, Dios del universo, por este pan... él será para nosotros pan de vida.
T. Bendito seas por siempre, Señor.

S. Bendito seas, Señor, Dios del universo, por este vino... él será para nosotros bebida de salvación.
T. Bendito seas por siempre, Señor.
Invitación a la oración.

El sacerdote pide a Dios que acepte nuestros dones.

S. Orad, hermanos, para que este sacrificio, mío y vuestro, sea agradable a Dios, Padre todopoderoso.
T. El Señor reciba de tus manos este sacrificio, para alabanza y gloria de su nombre, para nuestro bien y el de toda su santa Iglesia.

✚ Invitación a la oración

El sacerdote pide a Dios que acepte nuestros dones.

S. Orad hermanos, para que este sacrificio, mío y vuestro, sea agradable a Dios, Padre todopoderoso.
T. El Señor reciba de tus manos este sacrificio. Para alabanza y gloria de su nombre, para nuestro bien, y el de toda su santa Iglesia.

✚ Plegaria eucarística

Comienza la parte más importante de la Misa.

S. El Señor esté con vosotros.
T. Y con tu espíritu.

S. Levantemos el corazón.
T. Lo tenemos levantado hacia el Señor.

S. Demos gracias al Señor, nuestro Dios.
T. Es justo y necesario.

S. Por ese amor tan grande queremos darte gracias y cantarte con los ángeles y los santos que te adoran en el cielo:
T. Santo, Santo, Santo es el Señor, Dios del Universo. Llenos están el cielo y la tierra de tu gloria. Hosanna en el cielo. Bendito el que viene en nombre del Señor. Hosanna en el cielo.

✚ Consagración

El sacerdote extiende las manos sobre el pan y el vino, traza sobre ellos la Señal de la Cruz y pide la acción del Espíritu Santo. El sacerdote recuerda los gestos de Jesús en la Última Cena: "Tomó pan, y dando gracias, lo partió y lo dio a sus discípulos [...]"

S. Tomad y comed todos de él, porque esto es mi Cuerpo que será entregado por vosotros.

Y lo alza para que lo adoremos.
Después hace lo mismo con el cáliz:

S. Tomad y bebed todos de él, porque este es el cáliz de mi Sangre [...] que será derramada por vosotros y por muchos para el perdón de los pecados. Haced esto en conmemoración mía.

S. Este es el Sacramento de nuestra fe.
T. Anunciamos tu muerte proclamamos tu resurrección. ¡Ven Señor Jesús!

S. Por Cristo, con Él y en Él...
T. Amén.

Nos preparamos a la comunión rezando el Padre Nuestro. Recuerda que esta oración nos la enseñó Jesús. Rézala con toda devoción y pensando en las peticiones que tiene para ti.

S. Fieles a la recomendación del Salvador y siguiendo su divina enseñanza nos atrevemos a decir:

T. Padre nuestro, que estás en el cielo, santificado sea tu nombre, venga a nosotros tu reino, hágase tu voluntad en la tierra como en el cielo. Danos hoy nuestro pan de cada día; perdona nuestras ofensas, como también nosotros perdonamos a los que nos ofender; no nos dejes caer en la tentación y líbranos del mal.

S. ...mientras esperamos la gloriosa venida de nuestros salvador Jesucristo.

T. Tuyo es el reino, tuyo el poder y la gloria, por siempre, Señor.

✛ Rito de la paz

S. La paz del Señor esté siempre con vosotros.
T. Y con tu espíritu.
S. Daos fraternalmente la paz.

Todos se dan la paz. En este saludo manifestamos que somos hermanos porque somos hijos de Dios y nos comprometemos a tratar a los demás con cariño, amabilidad, respeto, a no pelear y a trabajar porque reine la paz entre los hombres.

✛ Fracción del pan

T. Cordero de Dios, que quitas el pecado del mundo,
ten piedad de nosotros.
Cordero de Dios, que quitas el pecado del mundo,
ten piedad de nosotros.
Cordero de Dios, que quitas el pecado del mundo, danos la paz.

✛ Comunión

S. Este es el Cordero de Dios que quita los pecados del mundo. Dichosos los invitados a la cena del Señor.

T. Señor, no soy digno de que entres en mi casa, pero una palabra tuya bastará para sanarme.

Ahora con mucho cariño y respeto te acercas a recibir a Jesús. Mientras esperas a recibirlo, piensa en el enorme amor que Jesús te tiene, que quiso quedarse para estar siempre con nosotros, que se convirtió en Pan de Vida para que pudiéramos unirnos a Él.

✛ Rito de conclusión

El sacerdote nos bendice en nombre de Dios.

S. El Señor esté con vosotros.
T. Y con tu espíritu.

S.: La bendición de Dios todopoderoso, Padre, Hijo y Espíritu Santo, descienda sobre vosotros.
T. Amén.

S. Podéis ir en paz.
T. Demos gracias a Dios.

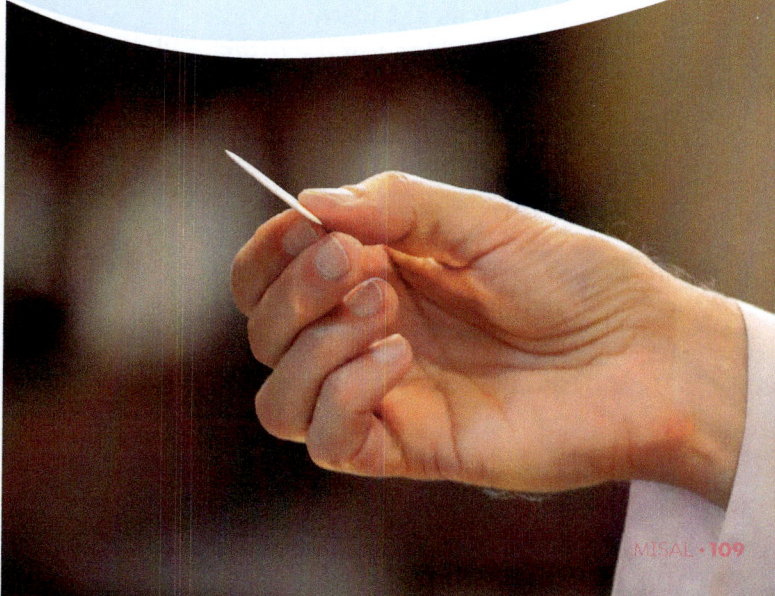

✚ ¿Qué es el sacramento de la Penitencia?

El Sacramento de la Penitencia (también llamado de la Confesión o Sacramento del perdón) es un "encuentro con Jesús". Él mismo nos perdona los pecados, y lo hace por medio del sacerdote.

En este Sacramento Jesús nos perdonan los pecados cometidos después del Bautismo. El pecado es toda desobediencia a la Ley de Dios (tanto de los Diez Mandamientos de la Ley de Dios como del Mandamiento del Amor que nos ha dado Jesús).

Los pecados pueden ser graves (o pecado mortal) o leves (pecado venial). Los pecados veniales desagradan a Dios y a los demás pero el alma no se aparta totalmente de Dios (sentir pereza, una mentira sin mucha importancia, tener envidia de otra persona, etc.). Pecado mortal es el que nos aparta totalmente de Dios y nos impide recibir a Jesús en la Comunión sin previa Confesión del mismo.

✚ ¿Cómo confesarse bien?

Para confesarse bien hacen falta seis cosas:
1. Examen de conciencia.
2. Dolor de los pecados.
3. Propósito de la enmienda.
4. Decir los pecados al confesor (a Jesús).
5. Recibir la absolución.
6. Cumplir la Penitencia.

Oración para antes de la Confesión:
Jesús: me duele mucho haber sido malo. Te pido perdón porque te he ofendido. Ayúdame a reconocer mis pecados y a confesarlos al sacerdote, sin ocultar ninguno. Y dame tu gracia para ser mejor en adelante. Amén.

Conviene aprender la oración "Yo confieso"; y el Acto de contrición llamado "Señor mío, Jesucristo".

Oración para el dolor de los pecados:
Señor, dame un corazón humilde y sincero para reconocer mis pecados y para pedirte perdón por todos ellos. Amén.
Puedes rezar la oración "Señor mío, Jesucristo".

✚ Modo de confesarte:

- Te acercas al sacerdote.
- Le dices: *"Ave María Purísima"*. Él te contestará: *"Sin pecado concebida"*.
- Di cuándo fue tu última confesión (o si es la primera).
- Cuéntale tus pecados. Y avísale cuando hayas terminado.
- El sacerdote te escucha y te dará algunos consejos. Te pondrá una pequeña penitencia y por ultimo te dará la absolución: *"Yo te absuelvo de tus pecados, en el nombre del Padre, y del Hijo, y del Espíritu Santo"*.
- Y respondes: *Amén*.

Oración para después de la Confesión:
Jesús, te he ofendido a ti y a mis padres, hermanos, compañeros y profesores. Gracias, Jesús, porque me has perdonado. Ayúdame a luchar para ser mejor en adelante y agradarte así más a Ti y a mis padres. Amén.

Y no te olvides de CUMPLIR LA PENITENCIA.

✚ Examen de conciencia para hacer una buena confesion

Oración previa:

Jesús, quiero que me ayudes a conocer bien todos mis pecados. Te pido que ilumines mi alma y me des plena sinceridad para reconocer todo aquello en lo que te he ofendido. Amén.

Examen de conciencia:

Amarás a Dios sobre todas las cosas...
- ¿Creo todo lo que Dios ha revelado y nos enseña la Iglesia Católica? ¿Niego o he negado algunas verdades de la fe católica?
- ¿He recibido al Señor en la Sagrada Comunión teniendo algún pecado grave en mi conciencia? ¿He callado en la confesión por vergüenza algún pecado mortal?
- ¿He blasfemado? ¿He jurado sin necesidad o sin verdad?
- ¿He faltado a Misa los domingos o días festivos sin tener un impedimento serio? ¿He cumplido los días de ayuno y abstinencia?

... Y al prójimo como a ti mismo.
- ¿Respeto la vida humana?
- ¿Deseo el bien a los demás, o albergo rencores y realizo juicios injustos sobre los demás? ¿He sido violento verbal o físicamente? ¿He dado mal ejemplo a las personas que me rodean?
- ¿Cuido mi salud? ¿He tomado alcohol en exceso? ¿He tomado drogas? ¿He arriesgado mi vida injustificadamente?
- ¿He mirado vídeos, páginas inadecuadas, espectáculos obscenos? ¿He sido causa de que otros pecasen por mi conversación?
- ¿Vivo la castidad? ¿He cometido actos impuros conmigo mismo o con otras personas? ¿He consentido pensamientos, deseos o sensaciones impuras?

- ¿He tomado dinero o cosas que no son mías? ¿En su caso, he restituido o reparado?
- ¿Procuro cumplir con mis deberes de estudiante?
- ¿He ayudado a personas pobres o necesitadas o las he desatendido? ¿Practico el desprendimiento de los bienes materiales? ¿Doy limosna? ¿Cumplo con mis deberes de ciudadano?
- ¿He dicho mentiras? ¿He reparado el daño que haya podido causar? ¿He descubierto, sin causa justa, defectos graves de otras personas? ¿He hablado o pensado mal de otros? ¿He calumniado a otros o he murmurado?

Catequesis
de **Orientación**
Catecumenal
NIÑOS

PALABRA